Gewerberecht und Arbeiterschutz.

Führer
für Arbeitgeber und Arbeiter
durch die
Gewerbe- und Arbeiterschutzgesetze.

Bearbeitet von

G. Laurisch,
Königlicher Gewerbeinspektor.

Berlin 1901.
J. Guttentag, Verlagsbuchhandlung,
G. m. b. H.

Vorwort.

Mit dem vorliegenden Buche ist der Versuch gemacht worden, die wesentlichsten Bestimmungen aus den wichtigsten Gewerbe- und Arbeiterschutzgesetzen in einer so kurzen, für den praktischen Gebrauch bestimmten Form zusammenzufassen, daß es denjenigen Personen (Fabrikanten, Handwerkern, Werkmeistern, Handelsangestellten und namentlich auch Arbeitern), welche weder Zeit noch Gelegenheit haben, die Gesetze selbst oder ausführliche Kommentare zu lesen, ermöglicht wird, sich ohne Mühe über ihre Pflichten und Rechte zu unterrichten und sich auf einzelne in der Praxis vorkommende Fragen schnell Antwort zu holen.

Für diejenigen Leser, welche sich eingehender unterrichten wollen, sind als Randbemerkungen die Gesetzesparagraphen beigefügt worden, sodaß ein Studium der Gesetze erleichtert wird.

Das Sachregister, welches möglichst dem praktischen Bedürfnisse angepaßt worden ist, soll die Benutzung des Buches erleichtern.

Auch als Leitfaden für den Unterricht an Fachschulen wird das Buch Verwendung finden können.

Diejenigen „Betriebszweige", für welche Ausnahmebestimmungen betreffend Sonntagsarbeit, Schutz der Arbeiter vor Gefahren und Beschäftigung von Kindern, jugendlichen Arbeitern und Arbeiterinnen erlassen worden sind, sind bis auf die Motorenbetriebe nicht besprochen worden, da sonst der Umfang des Buches zu groß geworden wäre. Auf Seite 36 bis 39, 51 und 73 sind jedoch diejenigen Betriebszweige aufgeführt, für welche Ausnahmebestimmungen getroffen worden sind, und da für die weitaus meisten dieser Betriebe vorgeschrieben ist, daß Tafeln mit den Ausnahmebestimmungen, welche in den Buchhandlungen käuflich zu haben sind, in den Betriebsräumen ausgehängt werden müssen, wird es für den Arbeitgeber und den Arbeiter leicht sein, sich über die für den Betrieb geltenden Bestimmungen zu unterrichten.

Diejenigen Ausnahmebestimmungen jedoch, deren Aushang in den Arbeitsräumen nicht vorgeschrieben ist (siehe Seite 39 unter §. 105 e) und die Bestimmungen über die Arbeitszeit in Getreidemühlen sind in die Anlage mit aufgenommen worden.

Die Aenderungen der Gewerbeordnung über das Lehrlingswesen im Handwerk vom Jahre 1897 und die Aenderungen vom 30. Juni 1900 betreffend genehmigungspflichtige Anlagen, Lohnbücher und Lohnzahlungsbücher, offene Verkaufsstellen, Beschäftigung jugendlicher Arbeiter, Beschäftigung von Betriebsbeamten, Werkmeistern, Technikern, die am 1. Januar 1901 in Kraft tretenden Bestimmungen über die Motorenbetriebe, sowie die Aenderungen der Invaliden- und Unfallversicherungsgesetzgebung vom 19. Juli 1899 und vom 5. Juli 1900 haben Berücksichtigung gefunden.

Cottbus, im November 1900.

G. Laurisch.

Inhalts-Verzeichnis.

1. Reichs-Gewerbeordnung.

1. Allgemeines.

Die Reichs-Gewerbeordnung ist aus der für den Norddeutschen Bund erlassenen Gewerbeordnung vom 21. Juni 1869, in welche die Bestimmungen der Preußischen Gewerbeordnung vom 17. Januar 1845 im Allgemeinen übernommen worden sind, entstanden.

Durch die Gewerbeordnung von 1869 wurde die gewerbliche Freizügigkeit durchgeführt. Die Rechte der Zünfte und anderer Korporationen, die Zwangs- und Bannrechte, die Beschränkungen der Handwerker auf den Verkauf der selbstverfertigten Waaren wurden aufgehoben, der gleichzeitige Betrieb verschiedener Gewerbe gestattet und ein Befähigungsnachweis für den Betrieb eines Gewerbes bis auf einige Ausnahmen nicht mehr gefordert. Die Unterscheidung zwischen Stadt und Land in Bezug auf den Gewerbebetrieb und die Ausdehnung desselben hörte auf.

Von 1869 an hat die Gewerbeordnung zahlreiche Aenderungen und Zusätze erfahren.

Durch das Gesetz vom 17. Juli 1878 wurde der Titel VII, welcher von den gewerblichen Arbeitern handelt, vollständig umgestaltet. Durch Gesetz vom 1. Juli 1883 wurden u. A. neue Bestimmungen über den Gewerbebetrieb im Umherziehen und über Arbeitsbücher erlassen. Außerdem wurde der Text der Gewerbeordnung, um die Handhabung des Gesetzes zu erleichtern, Aenderungen unterworfen.

Eine erhebliche Erweiterung des schon durch die Novelle von 1878 geänderten Titel VII wurde durch das Gesetz vom 1. Juni 1891, das sogenannte Arbeiterschutzgesetz, vorgenommen.

Durch dieses Gesetz sollte, wie der Kaiser in der Thronrede bei Eröffnung des Reichstages am 6. Mai 1890 sagte, den „berechtigten und erfüllbaren Wünschen der arbeitenden Bevölkerung in ausreichendem Maße Rechnung getragen werden". Namentlich sollte es sich dabei „um die den Arbeitern zu gewährende Sonntagsruhe handeln, sowie um die durch Rücksichten der Menschlichkeit und im Hinblick auf die natürlichen Entwicklungsgesetze gebotene Beschränkung der Frauen- und Kinderarbeit, um die gesetzlichen Anordnungen zum Schutze der Arbeiter gegen Gefahren für Leben, Gesundheit und Sittlichkeit, sowie über den Erlaß von Arbeits-Ordnungen".

Zugleich mit diesem Gesetz wurde ein Gesetzentwurf, betreffend die Gewerbegerichte, eingebracht, durch welche „die bessere Regelung der gewerblichen Schiedsgerichte und zugleich eine Organisation derselben, die es ermöglicht, diese Gerichte bei Streitigkeiten zwischen Arbeitgebern und Arbeitern über die Bedingungen der Fortsetzung oder Wiederaufnahme des Arbeitsverhältnisses als Einigungsämter anzurufen".

Die Bestimmungen des Gesetzes von 1891 sind nicht sämmtlich zu gleicher Zeit in Kraft getreten, die Bestimmungen über die Sonntagsruhe z. B. erst am 1. April 1895, die Bestimmungen über die Motorenbetriebe erst am 1. Januar 1901.

Wichtige Aenderungen hat die Gewerbeordnung dann noch im Jahre 1897 durch das Gesetz vom 26. Juli, welches eine Organisation des Handwerks und eine Regelung des Lehrlingswesens vornahm, und im Jahre 1900 durch das Gesetz vom 30. Juni erfahren.

Durch Letzteres ist nunmehr auch der Schutz der Angestellten in offenen Verkaufsstellen zur Durchführung gekommen.

Außerdem sind die Bestimmungen über die genehmigungspflichtigen Anlagen, über die jugendlichen Arbeiter und die Betriebsbeamten, Werkmeister und Techniker vervollständigt worden.

Im Titel I trifft die Gewerbeordnung allgemeine Bestimmungen über die Zulassung zum Gewerbetriebe und über den Umfang ihrer Anwendbarkeit, im Titel II über den stehenden Gewerbebetrieb einer großen Anzahl besonders genannter Gewerbe, die genehmigungspflichtigen Anlagen und Gewerbe und über Umfang, Ausübung und Verlust der Gewerbebefugnisse. Titel III, IV, V, welche vom Gewerbebetrieb im Umherziehen, dem Marktverkehr und den Taxen und VIII, IX, welche von den gewerblichen Hülfskassen, und den statutarischen Bestimmungen handeln, haben ebenso wie ein Theil von Titel II für dieses Buch nur geringere Wichtigkeit.

Diese Titel werden daher gar nicht oder nur theilweise besprochen werden. Titel X handelt von den Strafbestimmungen.

Für Handlungsgehülfen und Lehrlinge gelten von den Bestimmungen des Titel VII nur die Bestimmungen über die Sonntagsruhe (Seite 32), über den Fortbildungsschulunterricht (Seite 47), über die offenen Verkaufsstellen (Seite 83) und über die Koalitionsfreiheit (Seite 90).

Eine weitere Ausdehnung des Schutzes der Gewerbeordnung auf die Handlungsgehülfen war nicht nothwendig, da für dieselben das „Deutsche Handelsgesetzbuch" ausreichende Schutzbestimmungen trifft.

Einige wichtige Paragraphen dieses Gesetzes sind in die Anlage (Seite 174—177) mit aufgenommen worden.

2. Titel I, II und VI.

A. Zulassung zum Gewerbebetriebe.

§. 1. Wie schon erwähnt worden ist, sind die Beschränkungen über die Zulassung zum Gewerbebetriebe, welche früher bestanden haben, durch die Gewerbeordnung aufgehoben, — „der Betrieb eines Gewerbes ist vielmehr jedermann gestattet, soweit nicht durch die Gewerbeordnung Ausnahmen oder Beschränkungen vorgeschrieben oder zugelassen sind.

Soweit also die Gewerbeordnung nicht selbst es vorschreibt oder zuläßt, ist eine obrigkeitliche Erlaubniß oder ein Befähigungsnachweis zum Gewerbebetriebe nicht erforderlich und eine Untersagung des Gewerbebetriebes nicht statthaft. Die Gewerbetreibenden haben aber die allgemeinen polizeilichen Vorschriften, namentlich die bau-, feuer-, sicherheits-, sitten- und gesundheitspolizeilichen Vorschriften zu beachten.

Was unter Gewerbe zu verstehen ist, ist in der Gewerbeordnung nicht gesagt, es sind vielmehr Bestimmungen für gewisse Erwerbszweige willkürlich zusammengestellt. Auf welche Berufsarten sie sich erstreckt, ist daher in manchen Fällen zweifelhaft. Es ist jedoch daran festzuhalten, daß eine gewerbliche Thätigkeit nur vorliegt, wenn sie mit der Absicht des Erwerbes und fortgesetzt ausgeübt wird.

B. Geltungsbereich.

Einige Gewerbe, auf welche die Gewerbeordnung keine Anwendung findet, sind in derselben ausdrücklich namhaft gemacht. Dies sind:

Die Fischerei, die Errichtung und Verlegung von Apotheken, die Erziehung von Kindern gegen Entgelt, das Unterrichtswesen, die advokatorische und Notariats-Praxis, den Gewerbebetrieb der Auswanderungsunternehmer und Auswanderungsagenten, der Versicherungsunternehmer und der Eisenbahnunternehmungen, die Befugniß zum Halten öffentlicher Fähren und die Rechtsverhältnisse der Schiffsmannschaften auf den Seeschiffen. §. 6.

Die Eisenbahnunternehmungen sind jedoch nur ausgeschlossen, soweit sie als Verkehrsanstalten in Betracht kommen, die Werkstättenbetriebe der Eisenbahnen unterstehen der Gewerbeordnung.

Auf einige Gewerbe hat dieselbe nur theilweise Anwendung. Dies sind:

Das Bergwesen, für welches im §. 154 a der Umfang der Anwendbarkeit der Gewerbeordnung festgelegt ist, die Ausübung der Heilkunde, der Verkauf von Arzneimitteln, der Vertrieb von Lotterieloosen und die Viehzucht.

Außerdem hat jedoch die Gewerbeordnung auf viele Erwerbszweige, welche dem Sprachgebrauch nach als Gewerbe bezeichnet werden, ebenfalls keine Geltung, weil sie als Gewerbe überhaupt nicht anzusehen sind, z. B.

auf die Land- und Forstwirthschaft und ihre Nebenbetriebe, den Garten- und Weinbau, die Ausübung der freien Künste, auf persönliche Dienstleistungen höherer Art, wie die Thätigkeit des Arztes, die Seelsorge und auf den öffentlichen Dienst (Staats-, Gemeindedienst).

Auch auf die hauswirthschaftliche Thätigkeit und die Dienstboten hat die Gewerbeordnung keine Anwendung.

Als Gewerbe sind außer Handwerk und Industrie insbesondere anzusehen der Handel und seine Hilfsgewerbe, der Gewerbebetrieb der Versicherungsunternehmer, das Verkehrsgewerbe, soweit es nicht durch §. 6 ausgenommen ist, das Gast- und Schankwirthschaftsgewerbe, sowie persönliche Dienstleistungen untergeordneter Art z. B. das Gewerbe der Barbiere, Krankenpfleger und anderer, der Betrieb von Badeanstalten, ferner untergeordnete Lustbarkeiten, Darstellungen, Aufführungen u. s. w.

§. 11 u. 11a. Auch Frauen können ein Gewerbe betreiben.

C. Stehender Gewerbebetrieb.

§. 14. Wer den selbständigen Betrieb eines stehenden Gewerbes anfängt, hat der zuständigen Behörde (in Preußen dem Gemeindevorstande) Anzeige zu machen, deren Empfang ihm binnen 3 Tagen bescheinigt wird.

Zur Errichtung gewerblicher Anlagen bedarf es einer Erlaubniß der Baupolizei und der Einreichung eines Baugesuches, welchem in doppelter Ausfertigung Zeichnungen beizufügen sind, aus denen Lage und Bauart der Anlage, sowie Art und Ausdehnung des Betriebes ersehen werden kann.

Sollen in der Anlage Arbeiter beschäftigt werden,

so müssen die Angaben auf den Zeichnungen besonders ausführlich und namentlich auch die Verwendung jedes einzelnen Raumes angegeben sein, damit der Gewerbe-Aufsichtsbeamte, welcher das Baugesuch zu prüfen hat von vornherein dem Gewerbeunternehmer diejenigen Anforderungen mittheilen kann, welche an den Bau und den Betrieb zum Schutze der Arbeiter gegen Gefahren für Leben, Gesundheit und Sittlichkeit gestellt werden müssen.

Werden die Angaben unvollkommen gemacht, so können die nothwendigen Anordnungen erst nach Beginn des Betriebes getroffen werden, was für den Gewerbeunternehmer unter Umständen mit erheblichen Unbequemlichkeiten und Kosten verknüpft sein kann.

Gegen die Nichtertheilung der Bauerlaubniß oder die Auferlegung zu schwerer Bedingungen steht binnen 2 Wochen die Beschwerde an den Regierungspräsidenten offen, gegen dessen Entscheidung kann, wieder binnen 2 Wochen, die Entscheidung des Oberpräsidenten angerufen werden.

Für bestimmte gewerbliche Anlagen, welche in dem nachstehenden Abschnitte behandelt werden, genügt die Einreichung eines Baugesuches nicht. Bevor dieselben vielmehr errichtet werden dürfen, ist eine besondere Genehmigung erforderlich.

Wird eine solche gewerbliche Anlage ohne Ge- §. 15.
nehmigung in Betrieb genommen, oder wird ein anderes Gewerbe, für welches eine besondere Genehmigung erforderlich ist, ohne diese Genehmigung begonnen, so ist die strafrechtliche Verfolgung des Gewerbetreibenden herbeizuführen, wenn der Betrieb trotz der Aufforderung der Polizeibehörde nicht eingestellt oder die Genehmigung

nicht nachträglich eingeholt wird. Daneben kann die Fortsetzung des Betriebes polizeilich verhindert werden.

D. Genehmigungspflichtige Anlagen.

Zur Errichtung von Anlagen, welche durch die örtliche Lage oder die Beschaffenheit der Betriebsstätte für die Besitzer oder Bewohner der benachbarten Grundstücke oder für das Publikum überhaupt erhebliche Nachtheile, Gefahren oder Belästigungen herbeiführen können, ist die Genehmigung der nach den Landesgesetzen zuständigen Behörde erforderlich. Zuständig ist bei Städten über 25000 Einwohner (diese bilden einen selbständigen Stadtkreis) der Stadtausschuß, bei Städten von 10000 bis 25000 Einwohnern der Magistrat, für die Städte unter 10000 Einwohnern und die Landorte der Kreisausschuß. Für einige Anlagen ist der Bezirksausschuß zuständig.

Welche Anlagen unter die genehmigungspflichtigen
§. 16. gehören, ist in §. 16 der Reichs-Gewerbeordnung gesagt. Nur die dort angeführten Anlagen oder durch Beschluß des Bundesraths neu in den §. 16 aufgenommenen Anlagen sind genehmigungspflichtig.

Als genehmigungspflichtig sind bis jetzt erklärt worden: Schießpulverfabriken, Anlagen zur Feuerwerkerei und zur Bereitung von Zündstoffen aller Art, Gasbereitungs- und Gasbewahrungsanstalten, Anstalten zur Destillation von Erdöl, Anlagen zur Bereitung von Braunkohlentheer, Steinkohlentheer und Koaks, sofern sie außerhalb der Gewinnungsorte des Materials errichtet werden, Glas- und Rußhütten, Anlagen zur Herstellung von Cement, gebranntem Kalk, entwässertem Gips, von Ziegelsteinen und anderen gebrannten Thonwaaren, Anlagen zur Gewinnung roher Metalle, Röstöfen, Metallgießereien, sofern sie nicht bloße Tiegelgießereien sind, Hammerwerke, chemische Fabriken aller Art, Schnellbleichen, Firnißsiedereien, Stärkefabriken, mit Ausnahme der Fabriken zur Bereitung von Kartoffelstärke, Stärkesyrupsfabriken, Wachstuch-, Darmsaiten-, Dachpappen- und Dachfilzfabriken, Leim-, Thran- und Seifensiedereien, Knochenbrennereien, Knochendarren, Knochenkochereien und Knochenbleichen, Zubereitungsanstalten für Thierhaare, Talgschmelzen, Schlächtereien, Gerbereien, Abdeckereien, Poudretten- und Düngpulverfabriken, Stauanlagen für Wassertriebwerke, Hopfen-Schwefeldörren, Asphaltkochereien und Pechsiedereien, soweit sie außerhalb der Gewinnungsorte des Materials errichtet werden, Strohpapierstofffabriken, Darmzubereitungsanstalten, Fabriken, in welchen Dampfkessel oder andere Blechgefäße durch Vernieten hergestellt werden, Kalifabriken und Anstalten zum Imprägniren von Holz mit erhitzten Theerölen, Kunstwollefabriken, Anlagen zur Herstellung von Celluloid und Degrasfabriken, die Fabriken, in welchen Röhren aus Blech durch Vernieten hergestellt werden, sowie die Anlagen zur Erbauung eiserner Schiffe, zur Herstellung eiserner Brücken oder sonstiger eiserner Baukonstruktionen, die Anlagen zur Destillation oder zur Verarbeitung von Theer und von Theerwasser, die Anlagen, in welchen aus Holz oder ähnlichem Fasermaterial auf chemischem Wege Papierstoff hergestellt wird (Cellulosefabriken), die Anlagen, in welchen Albuminpapier hergestellt wird, die Anstalten zum Trocknen und Einsalzen ungegerbter Thierfelle, die Verbleiungs-, Verzinnungs- und Verzinkungsanstalten, soweit sie nicht blos handwerksmäßig betrieben werden, sowie die Anlagen zur Herstellung von Gußstahlkugeln mittelst Kugelschrotmühlen (Kugelfräsmaschinen).

§. 17*). Dem Antrage auf Genehmigung einer solchen Anlage sind die zur genauen Erläuterung erforderlichen Zeichnungen (Situationszeichnung und Bauplan der Anlage) und eine Beschreibung mit einer Angabe über den Gegenstand des Betriebes, die Grundzüge des Verfahrens, die ungefähre Ausdehnung des Betriebes, die anzuwendenden Apparate, die entstehenden Gase und Abfallprodukte in dreifacher Ausfertigung einzureichen. Aus dem Antrage muß der vollständige Name, der Stand und der Wohnort des Unternehmers ersichtlich sein.

Die Grundbuchnummern der eigenen und der anliegenden Grundstücke, die Entfernung und Höhe der benachbarten Gebäude, die Lage, Ausdehnung und Bauart der Betriebsstätte, die Bestimmung der einzelnen Räume und deren Einrichtung im Allgemeinen ist anzugeben.

Für die Zeichnungen ist haltbares Zeichenpapier, das auf Leinewand aufgezogen ist, oder durchsichtige Zeichenleinewand zu verwenden. Für die Zeichnungen ist ein Maßstab zu wählen, ebenso sind die Himmelsrichtungen anzugeben.

Der Antrag ist in Stadtbezirken, in welchen die Beschlußfassung dem Stadtausschusse oder Magistrate zusteht, bei diesen, sonst bei der Polizeibehörde, in Landgemeindebezirken beim Landrath anzubringen.

---

*) Vergl. auch die Ausführungsanweisung vom 9. August 1899.

Sind die Anlagen vollständig, so wird das Unternehmen durch einmaliges Einrücken in das zu den amtlichen Bekanntmachungen der Behörde bestimmte Blatt zur öffentlichen Kenntniß gebracht, es wird dabei zugleich aufgefordert, etwaige Einwendungen gegen die neue Anlage binnen 14 Tagen anzubringen. Einwendungen, welche aus besonderen privatrechtlichen Titeln herrühren, sind zur richterlichen Entscheidung zu verweisen, andere Einwendungen sind in einem Erörterungstermine mit den Parteien zu erörtern. Die durch unbegründete Einwendungen erwachsenen Kosten hat derjenige zu tragen, der dieselben angebracht hat.

Alsdann wird je eine Ausfertigung der Anlagen des §. 18.
Gesuchs dem Gewerbeaufsichtsbeamten, dem Baubeamten und unter Umständen auch dem Medizinalbeamten zur Prüfung vorgelegt. Diese haben festzustellen, in welcher Weise die Gefahren, Nachtheile oder Belästigungen der Anlage für das Publikum und die Nachbarn vermindert werden können, ob die bau-, feuer- und gesundheitspolizeilichen Vorschriften beachtet und die zum Schutze der Arbeiter nothwendigen Maßregeln getroffen sind.

Anordnungen zum Schutze der Arbeiter können auch später noch, wenn die Anlage im Betriebe ist, getroffen werden.

Die Genehmigung wird nunmehr mit oder ohne Bedingungen ertheilt oder sie wird versagt.

Der Bescheid wird schriftlich gegeben und zwar, wenn die Genehmigung ertheilt wird, in Form einer stempelpflichtigen Urkunde. Die Höhe des Stempels richtet sich nach dem Werthe der geplanten Anlage. Es muß deshalb auch in dem Gesuche der ungefähre Werth der Anlage angegeben werden.

Wird die Genehmigung versagt, oder werden Bedingungen gestellt, mit welchen sich der Unternehmer nicht einverstanden erklärt hat, so muß der Bescheid mit Gründen versehen sein.

In dem Bescheide kann dem Unternehmer auf seine Gefahr, unbeschadet des Rekursverfahrens, die unverzügliche Ausführung der baulichen Anlage gestattet werden, wenn er dies vor Schluß der Erörterung beantragt. Die Gestattung kann von einer Sicherheitsleistung abhängig gemacht werden. Hat der Unternehmer den Antrag gestellt, so sind die Widersprechenden darüber zu hören, ob sie Einwendungen darüber geltend zu machen haben. Im Allgemeinen darf mit der Errichtung der Anlage erst nach Empfang der Genehmigungs-Urkunde begonnen werden.

§. 20. Gegen den Bescheid der Behörde ist innerhalb 14 Tagen Rekurs an die nächstvorgesetzte Behörde, in zweiter Instanz an den Minister für Handel und Gewerbe zuläßig.

§. 147 Ziff. 2 und Abs. 3. Wer eine gewerbliche Anlage, zu der eine Genehmigung nach § 16 der Gewerbeordnung nothwendig ist, ohne diese Genehmigung errichtet oder die wesentlichen Bedingungen, unter denen die Genehmigung ertheilt ist, nicht erfüllt, oder eine wesentliche Veränderung der Anlage oder des Betriebes vornimmt ohne neue Genehmigung, kann mit Geldstrafe bis zu 300 M. und im Unvermögensfalle mit Haft bestraft werden. Die Polizeibehörde kann auch die Wegschaffung der Anlage oder die Herstellung des den Bedingungen entsprechenden Zustandes derselben anordnen.

§. 24. Einer besonderen Genehmigung nach § 24 bedarf es auch zur Anlegung von Dampfkesseln. Für diese ist ein besonderes Gesuch einzureichen und ein besonderes

Genehmigungsverfahren vorgeschrieben, welches bei Behandlung der Dampfkesselbestimmungen näher besprochen werden wird.

Die Genehmigung zu einer der in dem §. 16 und 24 bezeichneten Anlagen bleibt solange in Kraft, als keine wesentliche Aenderung in der Lage oder Beschaffenheit der Betriebsstätte oder im Betriebe vorgenommen wird. Bei allen wesentlichen Aenderungen ist aber eine neue Genehmigung erforderlich, auf Antrag kann jedoch die genehmigende Behörde von dem Bekanntmachungsverfahren (§. 17) Abstand nehmen. §. 25.

Die Genehmigung bedarf einer Erneuerung nicht, wenn die Anlage an einen neuen Bewerber übergeht, d. h. sie wird nicht dem Unternehmer persönlich, sondern für die Anlage und das Grundstück ertheilt.

Bei Ertheilung der Genehmigung kann die Behörde eine Frist stellen, binnen welcher die Anlage ausgeführt sein muß. Ist diese Frist oder, wenn eine solche nicht gestellt war, ein Jahr seit der Ertheilung der Genehmigung verflossen, ohne daß die Anlage ausgeführt ist oder der Betrieb begonnen hat, so erlischt die ertheilte Genehmigung. §. 49.

Strafbestimmungen siehe Seite 19, 24, 89 (§. 147).

E. Anlagen mit ungewöhnlichem Geräusch.

Die Errichtung oder Verlegung solcher Anlagen, deren Betrieb mit ungewöhnlichem Geräusch verbunden ist, muß der Ortspolizeibehörde angezeigt werden, liegen diese Betriebe in der Nähe von Kirchen, Schulen oder anderen öffentlichen Gebäuden, Krankenhäusern oder Heilanstalten, deren Benutzung durch den Gewerbebetrieb erheblich gestört werden kann, so kann durch die höhere §. 27.

Verwaltungsbehörde der Betrieb an dieser Stelle untersagt oder nur unter Bedingungen gestattet werden.

Die Unterlassung der Anzeige ist nicht strafbar. Es ist aber dringend anzurathen, die Anzeige zu erstatten, da der Betrieb leicht nachträglich untersagt oder beschränkt werden kann. Zu diesen Anlagen können z. B.

Kupferschmiedewerkstätten, Schmieden, Böttchereien, aber auch gewerbsmäßig betriebene Schießstätten u. A. gehören.

F. Schließung von gewerblichen Anlagen.

§. 51. Wegen überwiegender Nachtheile und Gefahren für das Gemeinwohl kann die fernere Benutzung einer jeden unter die Gewerbeordnung fallenden genehmigungspflichtigen und nicht genehmigungspflichtigen gewerblichen Anlage durch die höhere Verwaltungsbehörde (das ist in Preußen in diesem Falle der Bezirksausschuß) zu jeder Zeit untersagt werden, doch muß dem Besitzer alsdann für den erweislichen Schaden Ersatz geleistet werden, wenn durch die Untersagung des Betriebes der Gesammtbetrieb unmöglich gemacht wird. Wegen des Entschädigungsanspruchs kann der Rechtsweg beschritten werden. Voraussetzung einer Entschädigung ist, daß der Gewerbebetrieb rechtmäßig besteht.

Die Untersagung des Ablassens von Abwässern einer gewerblichen Anlage in den Boden oder in fließende Gewässer begründet keinen Entschädigungsanspruch, auch wenn durch eine solche Maßregel der Betrieb der Anlage in Frage gestellt wird. Gegen die untersagende Verfügung hat der Besitzer der Anlage das Rekursrecht.

In der vorstehenden Abhandlung ist von den Gewerbebetrieben die Rede gewesen, nunmehr sollen diejenigen Bestimmungen der Gewerbeordnung behandelt werden, welche den Schutz des gewerblichen Arbeiters im Auge haben.

Vorher jedoch müssen noch die Bestimmungen über die Innungen kurz erwähnt werden, da diese nicht ganz übergangen werden können. Es muß jedoch davon Abstand genommen werden, näher auf dieselben einzugehen, da dies über den Rahmen dieses Buches hinausgehen würde.

G. Innungen und Handwerkskammern.

Die betreffenden Bestimmungen sind in den §§. 81 bis 104 n enthalten.

In diesen Paragraphen sind die Aufgaben der Innungen, die Einrichtung ihrer Verwaltung, die Rechtsverhältnisse ihrer Mitglieder, die Verhältnisse der Gesellen und Lehrlinge, die Bestimmungen über Gesellenausschüsse, Zwangsinnungen, Innungsausschüsse, Handwerkskammern und Innungsverbände festgelegt.

Die Innungen haben die Interessen ihrer Mitglieder wahrzunehmen, ein gedeihliches Verhältniß zwischen Meistern und Gesellen zu fördern und für eine gute Ausbildung der Lehrlinge zu sorgen.

Die Innung kann u. A. Schiedsgerichte errichten, §. 91
welche berufen sind, bei Streitigkeiten zwischen den u. f.
Innungsmitgliedern und ihren Gesellen und Arbeitern, für welche sonst das Gewerbegericht zuständig wäre, zu entscheiden. Bei Streitigkeiten derselben Art zwischen Innungsmitgliedern und den Lehrlingen kann die Innung Entscheidung treffen.

Die Schiedsgerichte bestehen mindestens aus einem Vorsitzenden und zwei Beisitzern. Letztere bestehen zur Hälfte aus Innungsmitgliedern und zur Hälfte aus Gesellen und Arbeitern. Die Beisitzer erhalten für jede Sitzung Vergütung der baaren Auslagen und eine Entschädigung für Zeitversäumniß.

Innerhalb 8 Tagen nach Eingang der Klage soll der erste Termin angesetzt werden. Die Entscheidungen der Innungen und der Innungsschiedsgerichte werden rechtskräftig, wenn nicht binnen einem Monat eine Partei Klage bei dem ordentlichen Gericht erhebt.

§. 92 u. f. Die Angelegenheiten der Innung werden von dem gewählten Vorstande und von der Innungsversammlung, welche entweder aus allen Innungsmitgliedern oder aus gewählten Vertretern besteht, wahrgenommen.

Zur Wahrnehmung einzelner Angelegenheiten können „Ausschüsse“ gewählt werden.

Der Vorstand hat die Verwaltung zu führen und vertritt die Innung gerichtlich und außergerichtlich. Gegen Innungsmitglieder hat er Strafbefugniß.

Die Innungsversammlung beschließt über alle Angelegenheiten, deren Wahrnehmung nicht dem Vorstande obliegt. Die Innungen sind befugt die zur Innung gehörigen Betriebe zu überwachen.

§. 95. Die Gesellen wählen einen Gesellenausschuß. Derselbe ist bei der Regelung des Lehrlingswesens und bei der Gesellenprüfung, sowie bei der Begründung und Verwaltung aller Einrichtungen zu betheiligen, für welche die Gesellen Beiträge entrichten oder eine besondere Mühewaltung übernehmen oder welche zu ihrer Unterstützung bestimmt sind.

Für Handwerke gleicher oder verwandter Art können auf Anordnung der höheren Verwaltungsbehörde unter bestimmten Voraussetzungen Zwangsinnungen errichtet werden. §. 100 u. f.

Die Behörde kann Handwerker, welche keine Gesellen oder Lehrlinge beschäftigen, von dem Zwange, der Innung beizutreten, befreien, diejenigen, welche das Gewerbe fabrikmäßig betreiben, können zum Beitritt nicht gezwungen werden. Beide können jedoch freiwillig beitreten.

Für alle oder mehrere derselben Aufsichtsbehörde unterstehende Innungen kann ein gemeinsamer Innungsausschuß gewählt werden.

Zur Vertretung der Interessen des Handwerks sind Handwerkskammern errichtet worden. §. 108 u. f.

Sie sollen das Lehrlingswesen regeln und die Durchführung der für dasselbe geltenden Vorschriften überwachen, Gutachten für Behörden erstatten, Wünsche des Handwerks entgegennehmen und weitergeben, Jahresberichte erstatten und Prüfungsausschüsse zur Abnahme der Gesellenprüfung bilden. Sie sollen in allen wichtigen, das Handwerk berührenden Fragen gehört werden und Veranstaltungen zur Förderung der Ausbildung der Meister, Gesellen und Lehrlinge treffen.

Die Innungen und Innungsausschüsse sollen den Anordnungen der Handwerkskammer Folge leisten.

Bei der Handwerkskammer ist ein Gesellenausschuß zu bilden, welcher bei den Angelegenheiten, welche die Gesellen und Lehrlinge betreffen, mitwirken soll.

Um den Innungen die Möglichkeit zu bieten, auch weitere als die lokalen Interessen wahrzunehmen, ist denjenigen Innungen, welche nicht derselben Aufsichtsbehörde §. 104 u. f.

unterstehen, gestattet, zu **Innungsverbänden** zusammenzutreten.

Diese sollen die Innungen, Innungsausschüsse und Handwerkskammern in der Verfolgung ihrer Aufgaben, sowie die Behörden durch Vorschläge und Anregungen unterstützen. Sie sind befugt, den Arbeitsnachweis zu regeln, sowie Fachschulen zu errichten und zu unterstützen.

3. Titel VII. der Reichs-Gewerbeordnung.

Im Eingang dieser Schrift ist dargelegt worden, welchen hauptsächlichen Aenderungen dieser Titel der Gewerbeordnung seit 1869 unterworfen worden ist.

Derselbe regelt die Verhältnisse der erwachsenen Arbeiter, der Lehrlinge, der Betriebsbeamten, Werkmeister und Techniker, die Beschäftigung der Kinder, der jugendlichen Arbeiter und der Arbeiterinnen.

Er trifft Bestimmungen über die Sonntagsruhe, über Lohnzahlung, über die Auflösung des Arbeitsverhältnisses, über den Schutz der Arbeiter vor Gefahren u. A. Er regelt auch die Kontrole dieser Bestimmungen.

A. Sonntagsruhe.

1. Allgemeines.

Das **reichsgesetzlich** durch die Reichs-Gewerbeordnung erlassene Verbot der Arbeit an Sonn- und Festtagen soll den Arbeitern die Möglichkeit gewähren, die Sonn- und Festtage der nothwendigen Ruhe von der Wochenarbeit, der inneren Sammlung, der Stärkung und Erfrischung zu neuer Arbeit und der Pflege des Familienlebens zu widmen.

Die **landesgesetzlichen** Bestimmungen über die Sonntagsruhe, für die Provinz Brandenburg die

„Polizei-Verordnung des Herrn Oberpräsidenten über die äußere Heilighaltung der Sonn- und Festtage vom 4. Juli 1898", verfolgen in erster Linie den Zweck, die Feier des öffentlichen Gottesdienstes vor Störung zu schützen und die Heilighaltung der Sonn- und Festtage aufrecht zu erhalten.

Für die anderen Provinzen der Monarchie sind ähnliche Polizei-Verordnungen erlassen worden.

Während die Bestimmungen der Reichs-Gewerbeordnung über die Sonntagsruhe nur für bestimmte in der Reichs-Gewerbeordnung angegebene Betriebe und das Handelsgewerbe, nicht aber z. B. auf die Land- und Forstwirthschaft, den Wein- und Gartenbau, die Viehzucht, das Gast- und Schankwirthschaftsgewerbe, Musikaufführungen, Schaustellungen, das Verkehrsgewerbe u. s. w. Anwendung finden, so gelten die Bestimmungen der Ober-Präsidial-Verordnung, z. Th. mit Beschränkungen, auch für die eben bezeichneten Gewerbe.

Soweit jedoch die Reichs-Gewerbeordnung Ausnahmen von dem Verbot der Sonntagsarbeit zuläßt, hat die Ober-Präsidial-Verordnung keine Anwendung.

2. Aeußere Heilighaltung der Sonn- und Festtage.

Die Ober-Präsidial-Verordnung verbietet alle öffentlich bemerkbaren Arbeiten, sowie alle geräuschvollen Arbeiten in den Häusern und Betriebsstätten.

Ausnahmen kann die Ortspolizeibehörde für den einzelnen Sonn- und Feiertag gestatten.

Ohne Weiteres ausgenommen sind z. B. Arbeiten, welche in Nothfällen oder im öffentlichen Interesse, sowie zur Befriedigung der Bedürfnisse des häuslichen Lebens täglich vorgenommen werden müssen, Arbeiten, welche in der Landwirthschaft und in Gärtnereien täglich vorgenommen werden müssen, Arbeiten, welche von kleinen Leuten zur Bestellung von Gärten und Feldern mit ihren Angehörigen vorgenommen werden. Letztere sind aber nur außerhalb der Zeit des Gottesdienstes gestattet.

Das Verbot findet keine Anwendung auf den Eisenbahn- und Dampfschiffsverkehr, den Personenschiffahrtsverkehr, das Lohnfuhrwesen, die Beförderung von Reisegepäck, das Gewerbe der Kahnverleiher, Gondelführer und die Fahrradverleihanstalten, den Frachtschiffahrts- und Fuhrwerksverkehr, den Eilgüterverkehr für Eisenbahnen und Dampfschiffe, den Reichspost- und Telegraphenverkehr, den Transport von Nahrungs- und Genußmitteln während der für den Handel freigegebenen Stunden u. s. w.

Außerdem sind in der Verordnung Bestimmungen getroffen über den Gewerbebetrieb im Umherziehen, über den Betrieb des Gast- und Schankwirthschaftsgewerbes, über Versammlungen, Aufzüge, Schaustellungen, öffentliche Lustbarkeiten, Abhaltung von Jagden, das Verhängen der Schaufenster und Schaukästen u. A.

Zuwiderhandlungen werden mit Geldstrafe bis zu 60 Mark bestraft.

3. Sonntagsruhe im Gewerbetriebe und im Handelsgewerbe.

a) Allgemeine Bestimmungen.

§. 105b Im Betriebe von Bergwerken, Salinen, Aufbe-
R.G.O. reitungsanstalten, Brüchen, Gruben, Hüttenwerken, Fabriken, Werkstätten, Zimmerplätzen und anderen Bauhöfen, Werften, Ziegeleien, sowie bei Bauten aller Art

dürfen Arbeiter an Sonn- und Festtagen nicht beschäftigt werden.

Die Gewerbetreibenden können auch die Arbeiter zum Arbeiten an Sonn- und Festtagen nicht verpflichten.

Zu Arbeiten, welche nach den Bestimmungen der Gewerbeordnung auch an Sonn- und Festtagen vorgenommen werden dürfen, können sie jedoch verpflichtet werden.

Das Verbot der Sonntagsarbeit gilt für gewerbliche Arbeiter im weitesten Sinne, also nicht nur für Gesellen, Gehülfen, Lehrlinge, Fabrikarbeiter und andere im Betriebe beschäftigte Personen, sondern auch für Betriebsbeamte, Werkmeister und Techniker.

Die den Arbeitern zu gewährende Ruhe hat mindestens an Sonn- und Festtagen 24 Stunden, für 2 aufeinanderfolgende Festtage 42, für das Weihnachts-, Oster- und Pfingstfest 48 Stunden zu dauern, und zwar ist die Ruhezeit von 12 Uhr Nachts an zu rechnen.

Bei Betrieben mit regelmäßiger Tag- und Nachtschicht kann die Ruhezeit frühestens Sonnabend Abend um 6 Uhr beginnen, wenn für die auf den Beginn der Ruhezeit folgenden 24 Stunden der Betrieb ruht. Strafbestimmungen siehe Seite 89 (§. 146 a).

Im Handelsgewerbe dürfen Gehülfen, Lehrlinge und Arbeiter am ersten Weihnachts-, Oster- und Pfingsttage überhaupt nicht, im Uebrigen an Sonn- und Festtagen nicht länger als 5 Stunden beschäftigt werden.

In welche Tagesstunden diese 5 Stunden fallen, bestimmt die Polizeibehörde.

Diese Bestimmungen gelten auch für Konsum- und andere Vereine.

Durch Ortsstatut kann die Sonntagsarbeit noch beschränkt werden.

Ausnahmsweise kann von der Polizei-Behörde für die letzten 4 Wochen vor Weihnachten, sowie für einzelne Sonn- und Festtage eine Vermehrung der Stunden bis zu 10 Stunden zugelassen werden.

b) Ausnahmen.

Für gewisse Arbeiten und für bestimmte Betriebsgattungen sind Ausnahmen von dem Verbot der Sonntagsarbeit zugelassen worden.

Diese gelten, soweit sie nicht für besonders namhaft gemachte Betriebe oder Gewerbe erlassen sind, auch für das Handelsgewerbe, haben für dasselbe jedoch geringere praktische Bedeutung.

§.105c. α) Sonntagsarbeiten, welche ohne Weiteres vorgenommen werden können.

An Sonn- und Festtagen können ohne daß eine besondere Erlaubniß einzuholen ist, Arbeiter beschäftigt werden in folgenden Fällen:

1. Mit Arbeiten, welche in Nothfällen oder im öffentlichen Interesse unverzüglich vorgenommen werden müssen, z. B. mit Arbeiten bei Hochwassergefahr, dem Schärfen der Hufeisen der Pferde bei Glatteis, Straßenreinigung, Anzünden der Gaslaternen u. s. w.
2. Für einen Sonntag mit Arbeiten zur Durchführung einer gesetzlich vorgeschriebenen Inventur.
3. Mit der Bewachung der Betriebsanlagen, mit Arbeiten zur Reinigung und Instandhaltung, durch welche der regelmäßige Fortgang des eigenen oder eines fremden Betriebes bedingt ist, sowie mit Arbeiten, von welchen die Wiederaufnahme

des vollen werktägigen Betriebes abhängig ist, sofern nicht diese Arbeiten an Werktagen vorgenommen werden können, z. B. mit dringenden Reparaturarbeiten, Reinigung der Züge der Dampfkessel, Betrieb der Wasserhaltungsmaschinen in Bergwerken u. s. w.

4. Mit Arbeiten, welche zur Verhütung des Verderbens von Rohstoffen oder des Mißlingens von Arbeitserzeugnissen erforderlich sind, sofern nicht diese Arbeiten an Werktagen vorgenommen werden können, z. B. mit Unterhaltung der Ziegelöfen, Wenden des Malzes in Mälzereien, bestimmten Arbeiten in Gerbereien, Leimfabriken, Brennereien, Brauereien, Molkereien u. s. w.

5. Mit der Beaufsichtigung des Betriebes, soweit er nach 1 bis 4 an Sonn- und Festtagen stattfindet.

Wenn ein Gewerbetreibender Arbeiter mit obigen Arbeiten an Sonn- und Festtagen beschäftigt, so ist er verpflichtet, ein Verzeichniß über diese Arbeiten zu führen.

In dieses Verzeichniß, für welches am besten ein bestimmtes käuflich zu habendes Formular verwendet wird, ist jede Sonntagsarbeit, welche nach den Bestimmungen unter 1 bis 5 vorgenommen wird, einzutragen, auch wenn dieselbe nur ganz kurze Zeit dauert.

Aus dem Verzeichniß muß die Zahl der beschäftigten Arbeiter, die Dauer ihrer Beschäftigung und die Art der vorgenommenen Arbeiten zu ersehen sein. Strafbestimmung siehe S. 90 (§ 150).

Außerdem ist den Arbeitern bei den unter 3 und 4 bezeichneten Arbeiten eine bestimmte Sonntagsruhe zu gewähren, jedoch nur dann, wenn die Arbeiten länger als 3 Stunden dauern oder die Arbeiter am Besuche des Gottesdienstes hindern.

Die Sonntagsruhe muß jeden zweiten Sonntag oder spätestens jeden dritten Sonntag gewährt werden, und zwar muß sie am zweiten Sonntag 12 Stunden, in der Zeit von 6 bis 6, oder an dem dritten Sonntag volle 36 Stunden dauern, also z. B. von Sonnabend 6 Uhr Abends bis Montag 6 Uhr Morgens.

Ausnahmen von diesen Vorschriften darf die untere Verwaltungsbehörde*) gestatten, wenn die Arbeiter am Besuche des sonntäglichen Gottesdienstes nicht gehindert werden und ihnen an Stelle des Sonntages eine 24stündige Ruhezeit an einem Wochentage gewährt wird.

β) Sonntagsarbeiten, welche für bestimmte Betriebe allgemein gestattet worden sind.

§.105d. Für eine große Anzahl von genau bezeichneten Betriebsgattungen ist **durch den Bundesrath** die Vornahme bestimmter Arbeiten an Sonn- und Festtagen unter bestimmten, den Arbeitern eine genügende Sonntagsruhe gewährleistenden Bedingungen gestattet worden.

Das sind Betriebe, welche *ihrer Natur nach eine Unterbrechung oder einen Aufschub nicht gestatten oder welche auf bestimmte Jahreszeiten beschränkt sind:*

Bergwerke und Gruben, Erzröstwerke und mit Hüttenwerken verbundene Röstofenbetriebe, Verkokungs- und Steinkohlen-Destillationsanstalten, Salinen, Metallhüttenwerke, Eisenhochofenwerke,

*) In Städten über 10000 Einwohnern gewöhnlich die Ortspolizeibehörde, sonst der Landrath.

Bessemer- und Thomasstahlwerke, Martin- und Tiegelgußstahlwerke, Puddelwerke und zugehörige Walz- und Hammerwerke, sowie Hochofengießereien, Glashütten, Kalk- und Gypsbrennereien, Herstellung von Cement, Herstellung von Porzellanknöpfen, Emaillirwerke, Entzinnung von Weißblech auf elektrolytischem Wege, Herstellung elektrischer Maschinen und Apparate, Gewinnung von Schwefelsäure, Gewinnung von Schwefelsäuremonohydrat, Gewinnung von Schwefelsäureanhydrit, Gewinnung von Sulfat und von Salzsäure, Herstellung von calcinirtem Glaubersalz, Gewinnung von Soda und Pottasche, Herstellung von Aetzalkali, Kalifabriken, Gewinnung von Chlorkalk, Chloraten und flüssigem Chlor, Gewinnung von Blutlaugensalz, Gewinnung von Rhodansalzen, Gewinnung von Ammoniak und von Ammoniaksalzen, Gewinnung doppelt kohlensaurer Salze, Herstellung von Wasserglas, Gewinnung von Chromaten, Herstellung von übermangansaurem Kali, Gewinnung von Schwefelnatrium, Chlorbaryum, Chlorcalcium und Antichlor, Darstellung von Alaun und Thonerdepräparaten, Ultramarinfabriken, Herstellung gebrannter Magnesia, Strontianitfabriken, Gewinnung von Flußsäure, Herstellung flüssiger Kohlensäure, Herstellung von komprimirtem Sauerstoff und Wasserstoff, Herstellung von künstlichem Dünger, Herstellung von Barytpräparaten einschließlich Lithopon und Englisch-Roth, Herstellung von Bleiweiß, Kremserweiß, Mennige und bleisauren Salzen, Gewinnung von Zinkweiß, Smaltefabriken, Gewinnung von Antimonoxyd, Gewinnung von Zinnoxyd, Pulver- und Sprengstofffabriken, Gewinnung von Oxalsäure, Pikrinsäurefabriken, Saccharinfabriken, Glycerinfabriken, Holz- und Torfdestillation, Destillation von Theer und Theerölen, Herstellung organischer Farbstoffe und ihrer Zwischenprodukte, Stearinfabriken, Braunkohlentheer- und Torftheer-Destillation (Paraffin-, Solaröl-, Mineralölfabriken u. s. w.); Palmkernölfabriken, Petroleumraffinerien, Anlagen zur Entfettung von Knochen, Ceresingewinnung, Leimgewinnung, Samenklenganstalten, Wachsbleichereien, Fischmehl- und Fischthran-Fabriken, Zellstofffabriken, Herstellung von Papier und Pappe, Herstellung von Lackleder und Sämischleder, Rohzuckerfabriken, Zuckerraffinerien, Melasseentzuckerungsanstalten, Cichoriendarren, Spiritusraffinerien, Brauereien, Mälzereien, Molkereien,

und Betriebe, welche in gewissen Zeiten des Jahres zu einer außergewöhnlich verstärkten Thätigkeit genöthigt sind,

Chokolade-, Zuckerwaaren-, Honigkuchen- und Bisquitfabriken, Spielwaarenfabriken, Schneiderei und Schuhmacherei im handwerksmäßigen Betriebe, Putzmacherei, Kürschnerei und Herstellung von Strohhüten und chemische Wäscherei und Schönfärberei für Kleidungsstücke.

Unternehmer eines solchen Gewerbebetriebes können also ohne Weiteres diejenigen Arbeiten ausführen lassen, welche vom Bundesrath freigegeben sind.

Sie sind jedoch verpflichtet, den Arbeitern die festgesetzte Sonntagsruhe zu gewähren und in den Betriebsräumen eine Tafel auszuhängen, welche die in

Betracht kommende Bundesrathserlaubniß wiedergiebt.

Diese Tafeln sind in der vorgeschriebenen Form käuflich zu haben.

Außer den vom Bundesrath festgelegten Betriebs- §. 105e.
gattungen können durch die höhere Verwaltungsbehörde, das sind gewöhnlich die Regierungs-Präsidenten, für bestimmte Gewerbe Ausnahmen von der Sonntagsruhe zugelassen worden.

Dies ist geschehen für:

Blumenbindereien, Gasanstalten und Elektricitätswerke, Bäcker- und Konditorgewerbe, Fleischergewerbe, Barbier- und Friseurgewerbe, Wasserversorgungsanstalten, Badeanstalten, Zeitungsdruckereien, Anstalten zur Mittheilung telegraphischer Nachrichten an Abonnenten, photographische Anstalten, Gewerbe der Köche, Bierbrauereien, Eisfabriken, Molkereien, Mineralwasserfabriken, Bekleidungs- und Reinigungsgewerbe mit handwerksmäßigem Betriebe.

Für jedes dieser Gewerbe sind bestimmte Arbeiten bezeichnet worden, welche an Sonn- und Festtagen unter der Bedingung, daß den Arbeitern eine festgesetzte Sonntagsruhe gewährt wird, vorgenommen werden können. Ein Aushängen einer Tafel mit diesen Ausnahmebestimmungen ist für diese Betriebszweige nicht vorgeschrieben. Diese Ausnahmebestimmungen sind daher in die Anlage mit aufgenommen worden.

Außerdem sind Ausnahmen für Betriebe mit Wind oder unregelmäßiger Wasserkraft zugelassen worden.

Windmühlen und Getreidemühlen mit unregelmäßiger Wasserkraft dürfen demnach an 26 Sonn- und

Festtagen, andere mit unregelmäßiger Wasserkraft arbeitende Betriebe an 12 Sonn- und Festtagen arbeiten, jedoch unter der Bedingung, daß den Arbeitern jeden zweiten Sonntag in der Zeit von 6 bis 6 oder jeden dritten Sonntag volle 36 Stunden Ruhe gewährt, und daß das oben erwähnte Sonntagsverzeichniß geführt wird.

γ) Sonntagsarbeiten, welche für den einzelnen Betrieb gestattet werden können.

Wenn zur Verhütung eines unverhältnißmäßigen Schadens ein nicht vorherzusehendes Bedürfniß der Beschäftigung von Arbeitern an Sonn- und Festtagen eintritt, so können auf Antrag Ausnahmen für bestimmte Zeit zugelassen werden.

Die Anträge sind an die untere Verwaltungsbehörde*) zu richten und haben nur Aussicht auf Bewilligung, wenn das nicht vorherzusehende Bedürfniß und der unverhältnißmäßige Schaden nachgewiesen wird.

Aus dem Antrage muß außerdem die Zahl der zu beschäftigenden Arbeiter und die Art der vorzunehmenden Arbeit zu ersehen sein.

Der Unternehmer ist verpflichtet, die Verfügung, durch welche ihm diese Sonntagsarbeit gestattet wird, in Abschrift innerhalb der Betriebsstätte an einer den Arbeitern leicht zugänglichen Stelle auszuhängen.

Jugendliche Arbeiter dürfen jedoch an Sonn- und Festtagen, auch mit gesetzlich gestatteten Arbeiten, im Allgemeinen nicht beschäftigt werden.

Unter welchen Voraussetzungen das jedoch ausnahmsweise gestattet werden kann, ist in Abschnitt „Be-

---

*) s. S. 36.

schäftigung von Kindern, jugendlichen Arbeitern und Arbeiterinnen" Seite 71, 72 angegeben.

Die vorstehenden Bestimmungen der Gewerbeordnung über die Sonntagsruhe regeln im Allgemeinen, mit Ausnahme der landespolizeilichen Bestimmungen, welche die äußere Heilighaltung der Sonn- und Festtage bezwecken, nur den Schutz des Arbeiters. Es hat sich jedoch herausgestellt, daß auch ein Bedürfniß zum Schutze des Arbeitgebers (des Prinzipals) in manchen Gewerben vorhanden ist.

Es ist daher in dem Gesetz vom 30. Juni 1900 die Bestimmung getroffen worden, daß

> „auf Antrag von mindestens 2 Dritteln von Ge- §. 41a.
> werbeunternehmern derjenigen Gewerbe, deren vollständige oder theilweise Ausübung zur Befriedigung täglicher oder an diesen Tagen besonders hervortretender Bedürfnisse erforderlich ist, durch die höhere Verwaltungsbehörde für eine Gemeinde bestimmt werden kann, daß der Betrieb dieser Gewerbe an Sonn- und Festtagen nur solange stattfinden darf, als die Angestellten arbeiten dürfen".

Damit wäre also auch den Gewerbeunternehmern untersagt, für ihre Person das Gewerbe länger auszuüben.

Diese Bestimmung wird Anwendung finden hauptsächlich auf Blumenbindereien, Bäcker, Fleischer, Barbiere, Friseure und andere oben auf Seite 39 erwähnte Gewerbe.

B. Arbeitsbücher und Zeugnisse.

Minderjährige Personen dürfen als Arbeiter nur §. 107
beschäftigt werden, wenn sie mit einem Arbeitsbuche bis 112
versehen sind.

Der Arbeitgeber ist verpflichtet, das Arbeitsbuch zu

verwahren, auf amtliches Verlangen vorzulegen und nach rechtmäßiger Lösung des Arbeitsverhältnisses wieder auszuhändigen.

Die Aushändigung des Arbeitsbuches erfolgt an den Vater oder Vormund oder an den gesetzlichen Vertreter, falls diese es verlangen, oder der Arbeiter das 16. Lebensjahr noch nicht vollendet hat, andernfalls an den Arbeiter selbst.

Mit Genehmigung der Polizeibehörde kann die Aushändigung des Arbeitsbuches auch an die zur gesetzlichen Vertretung nicht berechtigte Mutter oder einen sonstigen Angehörigen oder unmittelbar an den Arbeiter erfolgen.

Das Arbeitsbuch wird von der Polizeibehörde kostenlos ausgestellt.

Die Ausstellung erfolgt durch die Polizeibehörde desjenigen Ortes, an welchem der Inhaber des Arbeitsbuches zuletzt seinen dauernden Aufenthalt gehabt hat.

Bei dem Eintritt des Arbeiters in das Arbeitsverhältniß hat der Arbeitgeber an der dafür bestimmten Stelle des Arbeitsbuches die Zeit des Eintritts und die Art der Beschäftigung, am Ende des Arbeitsverhältnisses die Zeit des Austritts einzutragen.

Die Eintragungen sind mit Tinte zu bewirken und von dem Arbeitgeber oder dem dazu bevollmächtigten Betriebsleiter zu unterzeichnen.

Außer den oben angegebenen Eintragungen dürfen irgend welche Vermerke oder Merkmale, welche den Inhaber des Arbeitsbuches günstig oder nachtheilig kennzeichnen sollen, nicht gemacht werden.

Ein Arbeitgeber, welcher das Arbeitsbuch, seiner gesetzlichen Verpflichtung zuwider, nicht rechtzeitig ausgehändigt oder die vorschriftsmäßigen Eintragungen zu machen unterlassen oder unzulässige Merkmale, Eintragungen oder Vermerke gemacht hat, ist dem Arbeiter entschädigungspflichtig. Der Anspruch auf Entschädigung erlischt, wenn er nicht innerhalb vier Wochen nach seiner Entstehung im Wege der Klage oder Einrede geltend gemacht ist.

Die Klage ist beim Gewerbegericht oder wenn der Arbeitgeber Mitglied einer Innung ist, beim Innungsschiedsgericht oder, bei Lehrlingen, bei der Innung selbst anzubringen.

Die Arbeiter können beim Abgange ein Zeugniß §. 113.
über die Art und Dauer ihrer Beschäftigung fordern, dasselbe darf jedoch niemals in das Arbeitsbuch eingetragen werden.

Das Zeugniß ist auf Verlangen der Arbeiter auch auf ihre Führung und ihre Leistungen auszudehnen. Auch in diesem Zeugnisse dürfen Merkmale irgend welcher Art nicht gemacht werden.

Die Bestimmungen über Arbeitsbücher und Zeugnisse gelten für alle unter die Gewerbeordnung fallenden gewerblichen Arbeiter, einschließlich der Betriebsbeamten, Werkmeister und Techniker. Strafbestimmungen siehe Seite 89, 90 (§§. 146, 150).

C. Lohnbücher, Arbeitszettel und Lohnzahlungsbücher.

Für bestimmte Gewerbe kann der Bundes- §. 114a.
rath Lohnbücher oder Arbeitszettel vorschreiben.

In diese sind von dem Arbeitgeber oder dem dazu Bevollmächtigten einzutragen:

1. Art und Umfang der übertragenen Arbeit, bei Akkordarbeit die Stückzahl;
2. die Lohnsätze;

3. die Bedingungen für die Lieferung von Werkzeugen und Stoffen zu den übertragenen Arbeiten.

Der Bundesrath kann bestimmen, daß in die Lohnbücher oder Arbeitszettel auch die Bedingungen für die Gewährung von Kost und Wohnung einzutragen sind, sofern Kost oder Wohnung als Lohn oder Theil des Lohnes gewährt werden sollen.

Die Eintragungen sind mit Tinte zu bewirken und von dem Arbeitgeber oder dem dazu bevollmächtigten Betriebsleiter zu unterzeichnen.

Die Eintragungen dürfen nicht mit einem Merkmal versehen sein, welches den Inhaber des Lohnbuches günstig oder nachtheilig zu kennzeichnen bezweckt.

Die Eintragung eines Urtheils über die Führung oder die Leistungen des Arbeiters und sonstige durch dieses Gesetz nicht vorgesehene Eintragungen oder Vermerke in oder an dem Lohnbuche sind unzulässig.

Das Lohnbuch oder der Arbeitszettel ist von dem Arbeitgeber auf seine Kosten zu beschaffen und dem Arbeiter nach Vollziehung der vorgeschriebenen Eintragungen vor oder bei der Uebergabe der Arbeit kostenfrei auszuhändigen.

Die Einrichtung der Lohnbücher wird durch den Reichskanzler bestimmt. Strafbestimmungen siehe Seite 89, 90 (§§. 146, 150).

§. 134 Abs. 3. In **Fabriken**, für welche vom Bundesrath besondere Bestimmungen über Lohnbücher nicht erlassen sind, ist auf Kosten des Arbeitgebers für jeden minderjährigen Arbeiter ein Lohnzahlungsbuch einzurichten.

In das Lohnzahlungsbuch ist bei jeder Lohnzahlung der Betrag des verdienten Lohnes einzutragen, es ist bei der Lohnzahlung dem Minderjährigen oder seinem gesetzlichen Vertreter auszuhändigen und von dem Empfänger vor der nächsten Lohnzahlung zurückzureichen.

Das Lohnzahlungsbuch muß den Namen des Arbeiters, Ort, Jahr und Tag seiner Geburt, Namen und letzten Wohnort seines Vaters oder Vormundes (seines gesetzlichen Vertreters) und die Unterschrift des Arbeiters enthalten.

Die Eintragungen sind mit Tinte zu bewirken und von dem Arbeitgeber oder dem dazu bevollmächtigten Betriebsleiter zu unterzeichnen.

Die Eintragungen dürfen nicht mit einem Merkmal versehen sein, welches den Inhaber des Lohnzahlungsbuches günstig oder nachtheilig zu kennzeichnen bezweckt. Die Eintragung eines Urtheils über die Führung oder die Leistungen des Arbeiters und sonstige durch dieses Gesetz nicht vorgesehene Eintragungen oder Vermerke in oder an dem Lohnzahlungsbuche sind unzulässig.

Ueber die Einrichtung der Lohnzahlungsbücher sind Vorschriften nicht getroffen worden, der Gewerbeunternehmer kann sie daher einrichten, wie er will, wenn sie nur die vorgeschriebenen Angaben und Eintragungen enthalten.

Eine Bestimmung, welche das Nichtführen der Lohnzahlungsbücher unter Strafe stellt, ist in die Gewerbeordnung nicht aufgenommen worden.

D. Schutz des Arbeitslohnes.

Das Arbeits- oder Dienstlohn, das Gehalt u. s. w. darf nach dem Gesetz vom 21. Juni 1869, betreffend die Beschlagnahme des Arbeits- und Dienstlohnes, nur mit Beschlag belegt werden, wenn die Leistung der Arbeiten oder Dienste erfolgt und der Lohn-

oder Zahlungstag abgelaufen ist, ohne daß das Verdiente eingefordert worden ist.

Ausgenommen sind öffentliche Abgaben bis 3 Monate nach der Fälligkeit, Alimente an Familienangehörige und das Gehalt und die Dienstbezüge der im Privatdienst dauernd, d. h. auf mindestens 1 Jahr oder mit Kündigungsfrist von mindestens 3 Monaten angestellten Personen.

§. 115 u. f. Die Gewerbetreibenden sind verpflichtet, die Löhne ihrer Arbeiter in Reichswährung zu berechnen und baar auszuzahlen.

Die Zahlung in fremder Landesmünze, in Waaren, Naturalien oder anderen Surrogaten, in Bons, Anweisungen oder Wechseln ist verboten.

Die Gewerbeunternehmer und ihre Familienglieder, Gehülfen, Beauftragte, Geschäftsführer, Aufseher, Factoren und Gesellschafter dürfen den Arbeitern keine Waaren kreditiren, d. h. sie dürfen ihnen in keinem Falle irgendwelche Waaren auf Borg verkaufen.

Sie können ihnen jedoch Lebensmittel für den Betrag der Anschaffungskosten, Wohnung und Landnutzung gegen die ortsüblichen Mieths- und Pachtpreise, Feuerung, Beleuchtung, regelmäßige Beköstigung, sowie Werkzeuge und Stoffe zu den ihnen übertragenen Arbeiten unter Anrechnung bei der Lohnzahlung verabfolgen, jedoch stets nur für den Betrag der durchschnittlichen Selbstkosten (Verbot des Truck-Systems).

Außerdem sind nur Lohnabzüge für Wohlfahrtseinrichtungen, Kranken- und Invalidenversicherung, sowie zur Sammlung einer Kaution für den Fall des Kontraktbruches zulässig.

§.119a. In dem letzten Falle dürfen jedoch die Lohnabzüge bei jeder einzelnen Lohnzahlung ein Viertel des fälligen

Lohnes und im Gesammtbetrage ein durchschnittliches Wochenlohn nicht übersteigen.

Lohnzahlungen dürfen ohne Genehmigung der unteren Verwaltungsbehörde*) nicht in Gast- und Schankwirthschaften erfolgen. §. 115a.

Sie dürfen an Dritte (z. B. Gläubiger, Konsumvereine, Kantinen und Schankwirthe) nur erfolgen, soweit dies nicht dem oben angeführten Gesetz über die Beschlagnahme des Arbeits- und Dienstlohnes widerspricht, und dann auch nur mit der ausdrücklichen und zweifelsfreien Genehmigung des betreffenden Arbeiters.

Alle Verstöße gegen das Verbot des Truck-Systems sind strafbar und alle Verträge, welche diesem Verbot zuwiderlaufen, sind nichtig. Strafbestimmungen siehe Seite 88, 89 (§§. 146, 148).

E. Fortbildungsschulunterricht.

Die Gewerbeunternehmer sind verpflichtet, ihren Arbeitern unter 18 Jahren, welche eine *anerkannte* Fortbildungs- oder Fachschule besuchen, hierzu die erforderliche Zeit zu gewähren. §. 120.

Diese Bestimmung hat für männliche und weibliche Arbeiter und auch für Handlungsgehülfen Anwendung.

Die Verpflichtung für männliche Arbeiter unter 18 Jahren und für *männliche und weibliche Handlungsgehülfen* und -Lehrlinge zum Besuche einer Fortbildungs- oder Fachschule kann durch Statut einer Gemeinde oder eines weiteren Kommunalverbandes begründet werden.

An den Sonntagen darf der Unterricht nicht in die Zeit des Gottesdienstes fallen. Strafbest. S. 90 (§. 150).

---

*) s. S. 36.

F. Schutz der Arbeiter vor Gefahren.

Die §§. 120a und b der Gewerbeordnung setzen fest, inwieweit der Gewerbeunternehmer, d. h. der Unternehmer solcher Gewerbe, welche unter die Gewerbeordnung fallen, also nicht nur der Fabrikant, sondern auch der Handwerker, verpflichtet ist, zum Schutze der Arbeiter vor Gefahren für Leben, Gesundheit und Sittlichkeit Betriebseinrichtungen zu treffen.

§. 120a. Der §. 120a verpflichtet den Unternehmer, die Arbeitsräume, Betriebsvorrichtungen, Maschinen und Geräthschaften so einzurichten und zu unterhalten und den Betrieb so zu regeln, daß die Arbeiter gegen Gefahren für Leben und Gesundheit soweit geschützt sind, wie es die Natur des Betriebes gestattet.

Insbesondere ist für genügendes Licht, ausreichenden Luftraum und Luftwechsel, Beseitigung des bei dem Betriebe entstehenden Staubes, der dabei entwickelten Dünste und Gase sowie der dabei entstehenden Abfälle Sorge zu tragen.

Ebenso sind diejenigen Vorrichtungen herzustellen, welche zum Schutze der Arbeiter gegen gefährliche Berührungen mit Maschinen oder Maschinentheilen oder gegen andere in der Natur der Betriebsstätte oder des Betriebes liegende Gefahren, namentlich auch gegen die Gefahren, welche aus Fabrikbränden erwachsen können, erforderlich sind.

Endlich sind diejenigen Vorschriften über die Ordnung des Betriebes und das Verhalten der Arbeiter zu erlassen, welche zur Sicherung eines gefahrlosen Betriebes erforderlich sind.

Es handelt sich also hauptsächlich um die Verhütung von Betriebsunfällen und Krankheiten durch Anbringung von Schutzvorkehrungen, Einrichtung von Ventilationsanlagen, von genügenden Heizungseinrichtungen, Einrichtungen zur schnellen Entleerung der Arbeitsräume bei Feuersgefahr u. A.

Als „Arbeitsräume" gelten auch die Treppengänge, Abortanlagen, Hofräume, Aufenthalts- und Speiseräume und unter Umständen auch die Schlafräume.

Es werden jedoch nicht nur an die Betriebseinrichtungen bestimmte Anforderungen gestellt, sondern es wird auch „Regelung des Betriebes" verlangt.

Darunter könnte z. B. verstanden werden, daß bei besonders anstrengenden oder gesundheitsschädlichen Arbeiten die Arbeiter häufig abgewechselt werden, daß ein zuverlässiges Aufsichtspersonal angestellt wird u. A.

Die Anbringung von Schutzvorrichtungen kann nicht nur auf Grund von §. 120a der Gewerbeordnung, sondern in denjenigen Gewerbebetrieben, welche dem Unfall-Versicherungs-Gesetz unterstehen, auch auf Grund der Unfall-Verhütungs-Vorschriften der zuständigen Berufsgenossenschaft verlangt werden.

Der §. 120b verpflichtet den Gewerbeunternehmer, diejenigen Einrichtungen zu treffen und zu unterhalten und diejenigen Vorschriften über das Verhalten der Arbeiter im Betriebe zu erlassen, welche erforderlich sind, um die Aufrechterhaltung der guten Sitten und des Anstandes zu sichern. §.120b.

Insbesondere muß, soweit es die Natur des Betriebes zuläßt, bei der Arbeit die Trennung der Geschlechter durchgeführ werden, sofern nicht die Aufrechterhaltung der guten Sitten und des Anstandes durch die Einrichtung des Betriebes ohnehin gesichert ist.

In Anlagn, deren Betrieb es mit sich bringt, daß die Arbeiter sich umkleiden und nach der Arbeit sich reinigen, müssen ausreichende, nach Geschlechtern getrennte Ankleide- und Waschräume vorhanden sein.

Die Bedürfnißanstalten müssen so eingerichtet sein, daß sie für die Zahl der Arbeiter ausreichen, daß den Anforderungen der Gesundheitspflege entsprochen wird, und daß ihre Benutzung ohne Verletzung von Sitte und Anstand erfolgen kann.

§.120c. Bei der Beschäftigung von Arbeitern unter 18 Jahren hat der Gewerbeunternehmer bei der Einrichtung der Betriebsstätte und bei der Regelung des Betriebes diejenigen besonderen Rücksichten auf Gesundheit und Sittlichkeit zu nehmen, welche durch das Alter dieser Arbeiter geboten sind.

Es kann also die Verwendung solcher Arbeiter für gewisse Arbeiten und bestimmte Räume verboten werden.

§.120d. Gewerbeunternehmer, welche obigen Verpflichtungen nicht nachkommen, können durch polizeiliche Verfügung dazu angehalten werden, gegen welche binnen zwei Wochen Beschwerde an die höhere Verwaltungsbehörde (den Regierungs-Präsidenten) zusteht.

Gegen dessen Enscheidung kann Beschwerde binnen 4 Wochen an die Centralinstanz, das ist in Preußen der Minister für Handel und Gewerbe, eingereicht werden.

Dieser entscheidet endgültig.

Die Betretung des Rechtsweges ist ausgeschlossen. Außerdem kann die Polizeibehörde bis zur Herstellung des der Verfügung oder der Vorschrift entsprechenden Zustandes die Einstellung des Betriebes, soweit dieselbe durch die Verfügung oder die Vorschrift getroffen wird, anordnen, falls dessen Fortsetzung erhebliche Nachtheile oder Gefahren herbeizuführen geeignet sein würde.

Durch den Bundesrath können für bestimmte §. 120e.
Arten von Anlagen Vorschriften zum Schutze der Arbeiter gegen Gefahren und für solche Gewerbe, in welchen durch übermäßige Dauer der täglichen Arbeitszeit die Gesundheit der Arbeiter geschädigt wird, Vorschriften über Arbeitszeit und Pausen erlassen werden.

Dies ist bis jetzt geschehen für

„Anlagen zur Anfertigung von Zündhölzern unter Verwendung von weißem Phosphor, Bleifarben und Bleizuckerfabriken, zur Anfertigung von Cigarren bestimmte Anlagen, Anlagen zur Herstellung von Alkalichromaten, Anlagen zur Herstellung elektrischer Akkumulatoren aus Blei oder Bleiverbindungen, Buchdruckereien und Schriftgießereien, Roßhaarspinnereien, Thomasschlackenmühlen, Bäckereien und Konditoreien, Getreidemühlen."

Diese Bundesrathsbestimmungen sind in den Buchhandlungen käuflich zu haben. Da jedoch für Getreidemühlen das Aushängen einer Tafel mit den Ausnahmebestimmungen nicht vorgeschrieben ist, so sind diese Bestimmungen in die Anlage mit aufgenommen worden.

Strafbestimmungen S. 89 (§. 147).

G. Verhältnisse der Arbeiter, Gesellen und Gehülfen.

Die Festsetzung der Verhältnisse zwischen den selbstständigen Gewerbetreibenden und den gewerblichen Arbeitern ist vorbehaltlich der durch die Gewerbeordnung begründeten Beschränkungen Gegenstand freier Uebereinkunft.

Ist nichts anderes verabredet, so ist die Kündigungsfrist für beide Theile eine 14 tägige.

§. 122. Es können auch Andere Kündigungsfristen vereinbart werden, dann müssen sie aber für beide Theile gleich sein. Vereinbarungen, welche dieser Bestimmung zuwiderlaufen, sind nichtig.

§. 123 u. 124. Vor Ablauf der vertragsmäßigen Zeit und ohne Kündigung können Arbeiter, Gesellen und Gehülfen entlassen werden unter bestimmten in §. 123 der Gewerbeordnung (siehe Anlage) angegebenen Voraussetzungen.

Unter welchen Voraussetzungen Arbeiter, Gesellen und Gehülfen die Arbeit ohne Aufkündigung verlassen können, ist in §. 124 Gewerbeordnung (siehe Anlage) angegeben.

Die Entlassung oder Kündigung ist nicht mehr zulässig, wenn die zu Grunde liegenden Thatsachen dem Arbeitgeber oder Arbeiter länger als eine Woche bekannt sind.

§. 124a. Außer den in den genannten Paragraphen bezeichneten Fällen kann jeder der beiden Theile aus wichtigen Gründen vor Ablauf der vertragsmäßigen Zeit und ohne Innehaltung einer Kündigungsfrist die Aufhebung des Arbeitsverhältnisses verlangen, wenn dasselbe mindestens auf 4 Wochen oder wenn eine längere als 14 tägige Kündigungsfrist vereinbart ist.

Als wichtige Gründe sind z. B. anzusehen: Todesfälle oder schwere Erkrankungen in der Familie des Arbeitgebers oder Arbeitnehmers, Eintritt eines Unglücksfalles, durch welchen der Fortbetrieb der Fabrik verhindert wird, Gefährdung der Gesundheit des Arbeiters u. A.

Hat ein Arbeiter rechtswidrig die Arbeit verlassen, §.124.b
so kann der Arbeitgeber als Entschädigung für den Tag des Vertragsbruches und jeden folgenden Tag der vertrags- oder gesetzmäßigen Arbeitszeit, **höchstens aber für eine Woche, den Betrag des ortsüblichen Tagelohns fordern.**

Durch die Geltendmachung dieser Forderung wird der Anspruch auf Erfüllung des Vertrages und auf weiteren Schadensersatz ausgeschlossen.

Dasselbe Recht steht dem Arbeiter zu, wenn er zu Unrecht entlassen worden ist.

Die Geltendmachung dieser Forderung müßte vor dem Gewerbegericht erfolgen.

Für Betriebe, für die eine Arbeits-Ordnung erlassen worden ist (Fabriken, in welchen in der Regel mindestens 20 Arbeiter beschäftigt werden), gelten etwas andere Bestimmungen.

Dieselben werden beim Abschnitt „Arbeits-Ordnungen" besprochen.

Ein Arbeitgeber, welcher einen Arbeiter §. 125.
verleitet, vor rechtmäßiger Beendigung des Arbeitsverhältnisses **die Arbeit zu verlassen**, ist dem früheren Arbeitgeber für den entstandenen Schaden mit verhaftet; in gleicher Weise haftet ein Arbeitgeber, welcher

einen Arbeiter annimmt, von dem er weiß, daß derselbe einem anderen Arbeitgeber zur Arbeit noch verpflichtet ist.

(Vergl. S. 91, §. 3 „Gewerbegerichte".)

H. Lehrlingsverhältnisse.

1. Befugniß zum Halten von Lehrlingen.

§. 126 u. 126a. Die Befugniß zum Halten oder zur Anleitung von Lehrlingen steht Personen, welche sich nicht im Besitze der bürgerlichen Ehrenrechte befinden, nicht zu.

Die Befugniß zum Halten und zur Anleitung von Lehrlingen kann durch die untere Verwaltungsbehörde solchen Personen ganz oder auf Zeit entzogen werden, welche sich wiederholt grober Pflichtverletzungen gegen die ihnen anvertrauten Lehrlinge schuldig gemacht haben, oder gegen welche Thatsachen vorliegen, die sie in sittlicher Beziehung zum Halten oder zur Anleitung von Lehrlingen ungeeignet erscheinen lassen.

Die Befugniß zur Anleitung von Lehrlingen kann ferner solchen Personen entzogen werden, welche wegen geistiger oder körperlicher Gebrechen zur sachgemäßen Anleitung eines Lehrlings nicht geeignet sind.

2. Lehrvertrag.

§.126b. Der Lehrvertrag ist binnen 4 Wochen nach Beginn der Lehre schriftlich abzuschließen.

Derselbe muß enthalten:

1. Bezeichnung des Gewerbes oder des Zweiges der gewerblichen Thätigkeit, in welchem die Ausbildung erfolgen soll;
2. Die Angabe der Dauer der Lehrzeit;
3. Die Angabe der gegenseitigen Leistungen;

4. Die gesetzlichen*) und sonstigen Voraussetzungen, unter welchen die einseitige Auflösung des Vertrages zulässig ist.

Der Lehrvertrag ist von dem Gewerbetreibenden oder seinem Stellvertreter, dem Lehrling und dem Vater oder Vormunde des Lehrlings zu unterschreiben und in einem Exemplar dem Vater oder Vormunde des Lehrlings auszuhändigen.

Der Lehrvertrag ist kosten- und stempelfrei.

Der Lehrvertrag wird durch den Tod des Lehrlings aufgehoben.

Durch den Tod des Lehrherrn gilt der Lehrvertrag als aufgehoben, wenn die Aufhebung binnen vier Wochen geltend gemacht wird.

Strafbestimmungen S. 90 (§. 150).

3. Kündigung.

Die gesetzliche 14 tägige Kündigungsfrist hat keine Anwendung auf Lehrlinge, Betriebsbeamte, Werkmeister und Techniker.

Bei Lehrlingen kann das Lehrverhältniß, wenn §.127b.
eine längere Frist nicht vereinbart ist, während der ersten vier Wochen nach Beginn der Lehrzeit durch einseitigen Rücktritt aufgehoben werden.

Diese Probezeit kann bis zu 3 Monaten ausgedehnt werden. Während derselben kann das Arbeitsverhältniß jederzeit gelöst werden.

Nach der Probezeit ist eine Lösung des Arbeitsverhältnisses nur in folgenden Fällen möglich:

a) Der Lehrling kann vor Beendigung der vertrags-

---

*) Siehe Seite 56 und 57.

mäßigen Lehrzeit **entlassen** werden, wenn einer der im §. 123 Gewerbeordnung (siehe Anlage) vorgesehenen Fälle auf ihn Anwendung findet, oder wenn er die ihm im §. 127a Gewerbeordnung (siehe Anlage) auferlegten Pflichten wiederholt verletzt oder den Besuch der Fortbildungs- oder Fachschule vernachlässigt.

Der §. 127a Gewerbeordnung (siehe Anlage) verpflichtet den Lehrling zu Folgsamkeit und Treue, zu Fleiß und anständigem Betragen gegenüber dem Lehrherrn, sowie demjenigen, welcher an Stelle des Lehrherrn die Ausbildung zu leiten hat.

b) **Von Seiten des Lehrlings kann das Lehrverhältniß nach Ablauf der Probezeit gelöst werden:**

1. unter den im §. 124 Reichs-Gewerbeordnung (siehe Anlage) Ziffer 1, 3, 4 und 5 vorgesehenen Fällen;

§. 127e. 2. wenn von dem Vater oder Vormunde für den Lehrling oder, sofern der Letztere volljährig ist, von ihm selbst dem Lehrherrn die schriftliche Erklärung abgegeben wird, daß der Lehrling zu einem anderen Gewerbe oder anderem Beruf übergehen werde.

Das Lehrverhältniß gilt dann nach spätestens 4 Wochen als aufgelöst.

Binnen 9 Monaten nach der Auflösung darf der Lehrling in demselben Gewerbe von einem anderen Arbeitgeber ohne Zustimmung des früheren Lehrherrn nicht beschäftigt werden.

Ein Anspruch auf Entschädigung kann nur geltend gemacht werden, wenn der Lehrvertrag schriftlich geschlossen ist und wenn der Anspruch binnen 4 Wochen geltend gemacht wird.

3. wenn der Lehrherr seine gesetzlichen Verpflichtungen

(§. 127 Reichs-Gewerbeordnung, siehe Anlage) gegen den Lehrling vernachlässigt, das Recht der väterlichen Zucht mißbraucht oder zur Erfüllung der ihm vertragsmäßig obliegenden Verpflichtungen unfähig wird.

Seine Verpflichtung ist, den Lehrling in den bei seinem Betriebe vorkommenden Arbeiten des Gewerbes dem Zwecke der Ausbildung entsprechend zu unterweisen, ihn zum Besuche der Fortbildungs- oder Fachschule anzuhalten und den Schulbesuch zu überwachen.

Er muß entweder selbst oder durch einen geeigneten, ausdrücklich dazu bestimmten Vertreter die Ausbildung des Lehrlings leiten, den Lehrling zur Arbeitsamkeit und zu guten Sitten anhalten und vor Ausschweifungen bewahren, er hat ihn gegen Mißhandlungen seitens der Arbeits- und Hausgenossen zu schützen und dafür Sorge zu tragen, daß dem Lehrling nicht Arbeitsverrichtungen zugewiesen werden, welche seinen körperlichen Kräften nicht angemessen sind.

Nach Beendigung der Lehre hat der Lehrherr dem §. 127c.
Lehrling ein Zeugniß auszustellen, welches von der Gemeindebehörde kosten- und stempelfrei zu beglaubigen ist.

Bei Innungen und anderen Vertretungen von Gewerbetreibenden treten an Stelle der Zeugnisse die Lehrbriefe.

Wenn das Lehrverhältniß aufgelöst worden ist, weil §. 127g.
der Lehrling die Lehre unbefugt verlassen hat, so kann eine Entschädigung verlangt werden. Diese darf für jeden dem Vertragsbruch folgenden Tag der Lehrzeit höchstens aber für 6 Monate, die Hälfte des in dem Gewerbe den Gesellen ortsüblich gezahlten Lohnes nicht überschreiten.

Zur Zahlung der Entschädigung sind mit verhaftet der Vater des Lehrlings, sowie derjenige Arbeitgeber, welcher den Lehrling zum Verlassen der Lehre verleitet hat.

§. 128. Hält ein Lehrherr mehr Lehrlinge, als angemessen erscheint und wird dadurch die Ausbildung derselben gefährdet, so kann ihm aufgegeben werden, einen Theil der Lehrlinge zu entlassen.

Strafbestimmung S. 89 (§. 148).

4. Lehrlinge in Handwerksbetrieben.

Für Handwerksbetriebe sind in der Gewerbeordnung besondere Bestimmungen über die Anleitung von Lehrlingen aufgenommen.

§. 129 u. f. Nach diesen Bestimmungen kann Lehrlinge jeder anleiten, der im Besitze der bürgerlichen Ehrenrechte sich befindet, das 24. Lebensjahr vollendet hat und entweder die von der Handwerkskammer vorgeschriebene Lehrzeit, mindestens aber eine 3 jährige zurückgelegt und die Gesellenprüfung bestanden hat, oder wer 5 Jahre hindurch persönlich das Handwerk selbständig ausgeübt hat oder als Werkmeister oder in ähnlicher Stellung thätig gewesen ist.

Es sind jedoch noch Ausnahmen vorgesehen.

Gewerbetreibende, welche eine mindestens 2 jährige Lehrzeit zurückgelegt haben und bei Inkrafttreten der neuen Bestimmungen schon Lehrlinge halten, können diese auslehren. Sie dürfen aber keine neuen Lehrlinge annehmen.

Gewerbetreibenden, bei welchen diese Voraussetzungen nicht zutreffen, kann die höhere Verwaltungsbehörde ausnahmsweise das Unterweisen von Lehrlingen gestatten.

Die Lehrzeit soll in der Regel 3 Jahre dauern und keinesfalls länger als 4 Jahre.

Die Handwerkskammer (siehe Abschnitt: „Innungen und Handwerkskammern.") kann für einzelne Gewerbe die Dauer der Lehrzeit festsetzen.

Es ist ebenfalls eine 4 wöchentliche Probezeit vorbehalten, nach Ablauf derselben ist der Vertrag schriftlich abzuschließen.

Die Probezeit darf nicht länger wie 3 Monate dauern.

Lehrherrn, welche mehr Lehrlinge beschäftigen, als nach dem Umfange ihres Betriebes angebracht erscheint, kann von der unteren Verwaltungsbehörde aufgegeben werden, einen Theil der Lehrlinge zu entlassen.

Dem Lehrlinge muß Gelegenheit gegeben werden, nach Ablauf der Lehrzeit sich der Gesellenprüfung zu unterziehen.

Die Prüfung als Geselle ist z. Zt. nicht obligatorisch, erst 6 Jahre nach Inkrafttreten der Bestimmungen muß jeder Lehrling sich der Prüfung unterziehen.

Die Gesellen können zusammentreten zu Gesellenausschüssen.

Diese Ausschüsse haben bei der Regelung des Lehrlingswesens mitzusprechen.

Wählbar sind nur solche Gesellen, welche 30 Jahre alt sind.

Nur Gesellen, welche die Meisterprüfung bestanden, haben das Recht, den Meistertitel zu führen. Obligatorisch ist diese Meisterprüfung nicht.

Zur Meisterprüfung wird nur zugelassen, wer mindestens 3 Jahre als Geselle gearbeitet hat.

Das Anlernen von Lehrlingen ist nicht von der Meisterprüfung abhängig.

Strafbestimmung S. 89 (§. 148).

J. Verhältnisse der Betriebsbeamten, Werkmeister, Techniker.

Durch die Gewerbeordnungsnovelle vom 30. Juni 1900 sind die Betriebsbeamten, Werkmeister und Techniker in ihren Kündigungsverhältnissen den Handlungsgehülfen gleichgestellt (vgl. die Bestimmungen des Handelsgesetzbuches in der Anlage).

§.133a. Als Betriebsbeamte, Werkmeister und ähnliche Angestellte sind gegen feste Bezüge beschäftigte Personen anzusehen, welche nicht lediglich vorübergehend mit der Leitung oder Beaufsichtigung des Betriebes oder einer Abtheilung desselben beauftragt sind, als Techniker solche Personen, welche mit höheren technischen Dienstleistungen betraut sind.

Bei diesen Personen kann das Dienstverhältniß, wenn nicht etwas Anderes verabredet ist, von jedem Theile mit Ablauf jedes Kalendervierteljahres nach 6 Wochen vorher erfolgter Aufkündigung aufgehoben werden.

§.133aa. Wird durch Vertrag eine kürzere oder längere Kündigungsfrist ausbedungen, so muß sie für beide Theile gleich sein; sie darf nicht weniger als einen Monat betragen und nur für den Schluß eines Kalendermonats erfolgen.

Eine Vereinbarung, die diesen Vorschriften zuwiderläuft, ist nichtig.

Für Angestellte, welche ein Gehalt von mindestens 5000 Mark für das Jahr beziehen, finden diese letzteren Bestimmungen keine Anwendung. §. 133ab.

Sie bleiben ferner außer Anwendung, wenn der Angestellte für eine außereuropäische Niederlassung angenommen ist und nach dem Vertrage der Arbeitgeber für den Fall, daß er das Dienstverhältniß kündigt, die Kosten der Rückreise des Angestellten zu tragen hat.

Wird ein Angestellter nur zu vorübergehender Aushülfe genommen, so finden dieselben Vorschriften keine Anwendung, es sei denn, daß das Dienstverhältniß über die Zeit von 3 Monaten hinaus fortgesetzt wird. Die Kündigungsfrist muß jedoch auch in einem solchen Falle für beide Theile gleich sein. §. 133ac

Jeder der beiden Theile kann vor Ablauf der vertragsmäßigen Zeit und ohne Innehaltung einer Kündigungsfrist die Aufhebung des Dienstverhältnisses verlangen, wenn ein wichtig'er, nach den Umständen des Falles die Aufhebung rechtfertigender Grund vorliegt. §. 133b.

Welcher Grund als wichtig anzusehen ist, muß nach den Umständen des Falles beurtheilt werden.

Das Dienstverhältniß kann von dem Arbeitgeber gelöst werden in bestimmten im §. 133c Reichs-Gewerbeordnung (siehe Anlage) vorgesehenen Fällen. §. 133c.

Ist der Betriebsbeamte 2c. durch anhaltende Krankheit oder durch eine längere Freiheitsstrafe oder Abwesenheit an der Verrichtung seiner Dienste ohne eigenes Verschulden verhindert worden, z. B. durch unverschuldete Untersuchungshaft, Einziehung zum Militärdienst, so bleibt der Anspruch auf die vertragsmäßigen

Leistungen des Arbeitgebers für die Dauer von 6 Wochen in Kraft.

Inwieweit von den Betriebsbeamten ꝛc. die Auflösung des Dienstverhältnisses verlangt werden kann, bestimmt §. 133d Reichs-Gewerbeordnung (siehe Anlage).

§.133e. Bei Vertragsbruch kann der Arbeitgeber höchstens für eine Woche den Betrag des ortsüblichen Tagelohns fordern.

Lohneinbehaltungen dürfen jedoch nicht gemacht werden.

Macht er die Forderung geltend, ist ein weiterer Schadensersatz ausgeschlossen.

§.133f. Eine Vereinbarung zwischen dem Gewerbeunternehmer und einem Betriebsbeamten ꝛc., durch die der Angestellte für die Zeit nach der Beendigung des Dienstverhältnisses in seiner gewerblichen Thätigkeit beschränkt wird, ist für den Angestellten nur insoweit verbindlich, als die Beschränkung nach Zeit, Ort und Gegenstand nicht die Grenzen überschreitet, durch welche eine unbillige Erschwerung seines Fortkommens ausgeschlossen wird.

Die Vereinbarung ist nichtig, wenn der Angestellte zur Zeit des Abschlusses minderjährig ist.

(Vgl. S. 92 §. 2 „Gewerbegerichte“.)

K. Arbeits-Ordnungen.

Dieser und der nächste Abschnitt haben nur für Fabriken und diesen gleichstehende Anlagen Geltung.

Welche Anlagen als Fabriken anzusehen sind, wird in jedem einzelnen Falle zu entscheiden sein.

Eine allgemeine Begriffsbestimmung der Fabrik ist gesetzlich nicht festgestellt worden.

Nach „von Landmann, Kommentar zur Reichs-Gewerbeordnung" pflegen bei einer Fabrik folgende Merkmale vereinigt zu sein.

1. Arbeitstheilung zwischen der vorwiegend kaufmännischen Thätigkeit des Unternehmers und der technischen Thätigkeit der Gehülfen;
2. Arbeitstheilung unter den Gehülfen;
3. große Arbeiterzahl;
4. Verhältnißmäßig große Ausdehnung der Betriebsräume und anderer stehender Betriebseinrichtungen;
5. umfangreiche Verwendung von Kraft- und Arbeitsmaschinen;
6. Großer Umfang der Produktion.

Indes ist es nicht nothwendig, daß immer diese sämmtlichen Merkmale bei einem als Fabrik zu behandelnden Betriebe vereinigt sind, während andererseits ein einzelnes jener Merkmale nicht genügt, um einen Betrieb zur Fabrik zu stempeln.

Ein wesentliches Unterscheidungsmerkmal zwischen Fabrikbetrieb und Handwerkbetrieb ist insbesondere, daß der Unternehmer sich auf die Leitung des Unternehmens beschränkt und an der Herstellung der Produkte nicht selbst mit eigener Hand theilnimmt.

Den Fabriken sind gleichgestellt:

Hüttenwerke, Zimmerplätze und andere Bauhöfe, Werften, und solche Ziegeleien, welche nicht blos vorübergehend und in geringem Umfange betrieben werden.

§. 184 bis 184g. Für jede Fabrik, in welcher in der Regel mindestens 20 Arbeiter beschäftigt werden, ist eine Arbeitsordnung zu erlassen.

Vor dem Erlaß derselben ist den großjährigen Arbeitern der Fabrik Gelegenheit zu geben, sich über den Inhalt zu äußern.

Der Erlaß der Arbeits-Ordnung erfolgt dadurch, daß dieselbe 14 Tage lang zu Jedermanns Einsicht in der Fabrik ausgehändigt wird.

Die Arbeits-Ordnung muß den Zeitpunkt, mit welchem sie in Kraft treten soll, angeben und von dem Unternehmer unter Angabe des Datums unterschrieben sein.

Die Arbeits-Ordnung ist 3 Tage nach erfolgtem Erlaß in 2 Ausfertigungen der unteren Verwaltungsbehörde einzureichen.

Es ist dabei anzugeben, in welcher Weise sich die großjährigen Arbeiter zu derselben geäußert haben.

Ist an dem Inhalt der Arbeits-Ordnung nichts auszusetzen, so erhält der Unternehmer von der Behörde keine weitere Mittheilung, da eine „Genehmigung“ der Arbeitsordnung nicht erforderlich ist.

Abänderungen der Arbeits-Ordnung können nur durch den Erlaß von Nachträgen erfolgen, welche genau so zu behandeln sind, wie neue Arbeits-Ordnungen.

Der Inhalt der Arbeits-Ordnung ist, soweit er nicht den Gesetzen zuwiderläuft, für die Arbeitgeber und Arbeiter rechtsverbindlich, d. h. wenn in einer Arbeits-Ordnung ungesetzliche Bestimmungen enthalten sind, also z. B., daß der Arbeitgeber zu jeder Zeit, der Arbeiter nur Sonnabends kündigen darf, so gilt diese ungesetzmäßige Kündigungszeit nicht, obwohl sie in der Arbeits-Ordnung steht.

Die Arbeits-Ordnung muß folgende Bestimmungen enthalten:

1. Ueber Anfang und Ende der regelmäßigen täglichen Arbeitszeit, sowie der für die erwachsenen Arbeiter vorgesehenen Pausen.
2. Ueber Zeit und Art der Abrechnung und Lohnzahlung mit der Maßgabe, daß die regelmäßige Lohnzahlung nicht an einem Sonntage stattfinden darf.

Ausnahmen können von der unteren Verwaltungsbehörde gestattet werden.

3. Ueber die Frist der zulässigen Aufkündigung, sowie über die Gründe, aus welchen die Entlassung oder der Austritt aus der Arbeit ohne Aufkündigung erfolgen darf.
4. Ueber die Art und Höhe etwaiger Strafen, über die Art ihrer Festsetzung und über den Zweck, für welchen sie verwendet werden sollen.
5. Ueber die Verwendung von Lohnbeträgen, welche bei Kontraktbruch verwirkt werden.

Dem Unternehmer ist es freigestellt, ob er die Beträge zum Besten der Arbeiter verwenden oder als Schadensersatz behalten will.

Dem Besitzer der Fabrik bleibt überlassen, neben den oben bezeichneten noch weitere die Ordnung des Betriebes und das Verhalten der Arbeiter im Betriebe betreffende Bestimmungen aufzunehmen.

So können auch beliebige Kündigungsfristen ausgemacht werden, jedoch müssen sie für beide Theile gleich sein.

Ebenso kann für beide Theile von einer Kündigungsfrist ganz Abstand genommen werden.

Auch kann vorgesehen werden, daß die Arbeiter noch in anderen Fällen, als in §. 123 Gewerbeordnung (siehe Anlage) angegeben ist, ohne Kündigung entlassen werden.

Geldstrafen dürfen die Hälfte des durchschnittlichen Tagesarbeitsverdienstes nicht übersteigen, jedoch können bei einigen in der Gewerbeordnung besonders erwähnten gröberen Verstößen Geldstrafen bis zum vollen Tagesverdienste erhoben werden.

Es dürfen jedoch nur Geldstrafen, die in der Arbeits-Ordnung vorgesehen sind, erhoben werden.

Alle Strafgelder müssen zum Besten der Arbeiter der Fabrik verwendet werden.

Der Zweck der Verwendung muß ganz genau angegeben sein.

Die Geldstrafen sind in ein Verzeichniß einzutragen, welches den Namen des Bestraften, den Tag der Bestrafung, sowie den Grund und die Höhe der Strafe angeben muß.

Die Arbeitsordnung ist an geeigneter, allen Arbeitern zugänglicher Stelle in den Betriebsräumen auszuhängen und in lesbarem Zustande zu erhalten.

Eine Ausfertigung ist jedem Arbeiter auszuhändigen.

Unternehmer, welche diesen Bestimmungen zuwiderhandeln, machen sich strafbar. Die Arbeitsordnung hat aber rechtliche Giltigkeit, auch wenn sie nicht aushängt oder nicht ausgehändigt worden ist, vorausgesetzt, daß sie richtig erlassen ist.

Will sich der Arbeitgeber gegen Kontraktbruch schützen, so kann er in der Arbeitsordnung ausbedingen (vergl. oben Seite 65 unter Ziffer 5), daß der Arbeiter bei unrechtmäßiger Lösung des Arbeitsverhältnisses den Betrag eines durchschnittlichen Wochenlohns verwirkt.

Dieses Wochenlohn kann der Arbeitgeber einbehalten und zu diesem Zwecke bei einigen Lohnzahlungen höchstens ein viertel des fälligen Lohnes abziehen, bis das Wochenlohn zusammen ist.

Bei rechtmäßiger Lösung des Arbeitsverhältnisses erhält der Arbeiter des Geld zurück.

Der §. 124b (Seite 53) gilt für Fabriken, für die Arbeits-Ordnungen vorgeschrieben sind, nicht. Die Inhaber solcher Betriebe können sich vielmehr nur durch die Aufnahme der oben genannten Bestimmung in die Arbeits-Ordnung schützen.

Strafbestimmung S. 89, 90 (§§. 147, 148, 149).

L. Beschäftigung von Kindern, jugendlichen Arbeitern und Arbeiterinnen.

1. Allgemeines.

Für Bauten gelten die nachstehenden Bestimmungen nicht.

Für Werkstätten mit Motorbetrieb haben sie mit gewissen Aenderungen Anwendung.

Diese Motorenbetriebe werden in einem besonderen Abschnitt behandelt werden.

Kinder unter 13 Jahren dürfen in Fabriken §. 135.
nicht beschäftigt werden, Kinder über 13 Jahren dürfen in Fabriken nur beschäftigt werden, wenn sie nicht mehr zum Besuche der Volksschule verpflichtet sind.

Die Beschäftigung von nicht mehr schulpflichtigen Kindern unter 14 Jahren darf die Dauer von 6 Stunden täglich nicht überschreiten.

Junge Leute von 14—16 Jahren dürfen in Fabriken nicht länger als 10 Stunden täglich beschäftigt werden.

§. 186. Die Arbeitsstunden dieser jugendlichen Arbeiter dürfen nicht vor 5½ Uhr Morgens beginnen und nicht über 8½ Uhr Abends dauern (Verbot der Nachtarbeit).

Zwischen den Arbeitsstunden müssen an jedem Arbeitstage regelmäßige Pausen gewährt werden.

Für Kinder, welche nur 6 Stunden täglich beschäftigt werden, muß die Pause mindestens ½ Stunde betragen.

Die jugendlichen Arbeiter müssen Mittags mindestens 1 Stunde und Vor- und Nachmittags mindestens je ½ Stunde Pause haben.

Eine Vor- und Nachmittagspause braucht nicht gewährt zu werden, sofern die jugendlichen Arbeiter täglich nicht länger als acht Stunden beschäftigt werden und die Dauer ihrer durch eine Pause nicht unterbrochenen Arbeitszeit am Vor- und Nachmittage je 4 Stunden nicht übersteigt.

Während der Pausen darf den jugendlichen Arbeitern eine Beschäftigung in dem Fabrikbetriebe überhaupt nicht und der Aufenthalt in den Arbeitsräumen nur dann gestattet werden, wenn in denselben diejenigen Theile des Betriebes, in welchen jugendliche Arbeiter beschäftigt sind, für die Zeit der Pausen völlig eingestellt werden oder wenn der Aufenthalt im Freien nicht thunlich und andere geeignete Aufenthaltsräume ohne unverhältnißmäßige Schwierigkeiten nicht beschafft werden können.

An Sonn- und Festtagen dürfen Jugendliche und

Kinder überhaupt nicht beschäftigt werden (vergl. jedoch § 139).

Arbeiterinnen dürfen in Fabriken nicht in der §. 137.
Nachtzeit von 8½ Uhr Abends bis 5½ Uhr Morgens und an Sonnabenden, sowie an den Vorabenden der Festtage nicht nach 5½ Uhr Nachmittags beschäftigt werden.

Die Beschäftigung von Arbeiterinnen über 16 Jahren darf die Dauer von 11 Stunden täglich, an den Vorabenden der Sonn- und Festtage von 10 Stunden nicht überschreiten.

Zwischen den Arbeitsstunden muß ihnen eine mindestens 1stündige Mittagspause gewährt werden.

Arbeiterinnen, welche ein Hauswesen zu besorgen haben, ist auf ihren Antrag eine mindestens 1½stündige Mittagspause zu gewähren.

Wöchnerinnen dürfen während 4 Wochen nach ihrer Niederkunft überhaupt nicht und während der folgenden 2 Wochen nur beschäftigt werden, wenn das Zeugniß eines approbirten Arztes dies für zulässig erklärt.

Wenn Arbeiterinnen oder jugendliche Arbeiter in §. 138.
Fabriken beschäftigt werden, so hat der Arbeitgeber vor dem Beginn der Beschäftigung der Ortspolizeibehörde eine schriftliche Anzeige zu machen.

In der Anzeige sind die Fabrik, die Zahl der Arbeiterinnen oder jugendlichen Arbeiter, die Wochentage, an welchen die Beschäftigung stattfinden soll, Beginn und Ende der Arbeitszeit und der Pausen, sowie die Art der Beschäftigung anzugeben. Eine Aenderung hierin darf nur erfolgen, nachdem eine erneute Anzeige der Behörde gemacht worden ist.

In den Fabrikräumen, in welchen jugendliche Arbeiter beschäftigt werden, muß an einer in die Augen fallenden Stelle ein Verzeichniß derselben ausgehängt sein, aus welchem die Namen der jugendlichen Arbeiter, ihr Alter, die Länge der Arbeitszeit und die Dauer der Pausen zu ersehen ist.

Außerdem muß eine Tafel ausgehängt sein, welche die entsprechenden Bestimmungen der Gewerbe-Ordnung enthält.

Eine gleiche Tafel muß bei der Beschäftigung von Arbeiterinnen vorhanden sein. Verzeichniß und Tafel sind in der vorgeschriebenen Form in den Buchhandlungen zu haben.

2. Ausnahmen

a) Für Arbeiterinnen an Wochentagen.

§.138a. Ausnahmsweise kann eine längere Beschäftigung von Arbeiterinnen über 16 Jahren auf Antrag des Arbeitgebers gestattet werden und zwar wegen außergewöhnlicher Häufung der Arbeit. Die Arbeiterinnen dürfen alsdann aber nicht länger als bis 10 Uhr Abends und nicht über 13 Stunden täglich beschäftigt werden.

Die untere Verwaltungsbehörde*) darf diese Ueberarbeit bis zu 40 Tagen, aber auf einmal nur für 2 Wochen gewähren, das sind, da für die Sonnabende und Sonntage diese Ueberarbeit nicht bewilligt werdendarf, 10 Tage.

Für mehr als 2 Wochen kann die Bewilligung nur von der höheren Verwaltungsbehörde (dem Regierungs-Präsidenten) ertheilt werden.

Für mehr als 40 Tage im Jahre wird die Erlaubniß im Allgemeinen nicht ertheilt, sie kann ertheilt werden, wenn die Arbeitszeit für den Betrieb oder die betreffende Abtheilung des Betriebes so geregelt wird, daß ihre

*) s. S. 86.

tägliche Dauer im Durchschnitt der Betriebstage des Jahres die regelmäßige gesetzliche Arbeitszeit nicht überschreitet.

Der Antrag ist schriftlich zu stellen und muß den Grund, aus welchem die Erlaubniß beantragt wird, die Zahl der in Betracht kommenden Arbeiterinnen, das Maß der längeren Beschäftigung, sowie den Zeitraum angeben, für welchen dieselbe stattfinden soll.

b) Für Arbeiterinnen an den Vorabenden der Sonn- und Festtage.

Auch für die Sonnabende und Vorabende der Festtage, jedoch mit Ausnahme der Vorabende des Weihnachts-, Oster- und Pfingstfestes kann durch die untere Verwaltungsbehörde*) gestattet werden, Arbeiterinnen zu beschäftigen.

Diese Ueberarbeit ist jedoch nur zu ertheilen zur Vornahme von im §. 105c Absatz 1, Ziffer 3 und 4 Gewerbeordnung (vergleiche Abschnitt „Sonntagsruhe"), bezeichneten Arbeiten.

Die betreffenden Arbeiterinnen müssen namentlich bezeichnet werden, über 16 Jahre alt sein, dürfen kein Hauswesen zu besorgen haben und eine Fortbildungs- und Fachschule nicht besuchen und nicht über 8½ Uhr Abends beschäftigt werden.

Eine Abschrift der Erlaubniß ist in den Fabrikräumen auszuhängen.

c) Für Arbeiterinnen und jugendliche Arbeiter bei Unglücksfällen.

Wenn Naturereignisse oder Unglücksfälle, z. B. Ueber- §. 139.
schwemmung, Erdbeben, Feuer, Hauseinsturz u. A. den

*) s. S. 86.

regelmäßigen Betrieb einer Fabrik unterbrochen haben, kann auf die Dauer von 4 Wochen durch die höhere Verwaltungsbehörde gestattet werden, daß jugendliche Arbeiter im Alter von 13—16 Jahren länger als gesetzlich, auch Nachts oder Sonntags oder ohne regelmäßige Pausen beschäftigt werden.

Ebenso sind dann Ausnahmen bezüglich der Beschäftigungsdauer, der Mittagspause, der Nachtarbeit und der Arbeit an den Vorabenden von Sonn- und Festtagen der erwachsenen Arbeiterinnen in obigem Umfange zuläßig.

In dringenden Fällen kann die untere Verwaltungsbehörde*) diese Ueberarbeit gestatten, aber dann nur für 14 Tage.

d) Für Arbeiterinnen und jugendliche Arbeiter bezüglich der Pausen und der Arbeitszeit.

Hinsichtlich der Dauer und Vertheilung der Pausen, des Beginnes und Schlusses der Arbeitsstunden und der Beschäftigung der jugendlichen Arbeiter an Sonn- und Festtagen können ebenfalls Ausnahmen bewilligt werden, wenn die Natur des Betriebes oder Rücksichten auf die Arbeiter dies in einzelnen Fabriken erwünscht erscheinen lassen, und zwar bezüglich der Pausen durch die höhere Verwaltungsbehörde, im Uebrigen durch den Reichskanzler.

Diese Ausnahmen zu a—d können nur auf besonderen Antrag bewilligt werden.

e) Für bestimmte Betriebsgattungen vorgesehene Ausnahmen.

§.189a. Durch den Bundesrath kann für Betriebe, welche mit besonderen Gefahren für Gesundheit und Sittlichkeit

*) s. S. 86.

verbunden sind, die Verwendung von Arbeiterinnen und jugendlichen Arbeitern untersagt oder von Bedingungen abhängig gemacht, oder es kann für Betriebe, für welche es nothwendig erscheint, die Beschäftigung von Arbeiterinnen und jugendlichen Arbeitern anders geregelt werden.

Dies ist z. B. geschehen für:

Gummiwaarenfabriken, Glashütten, Drahtziehereien mit Wasserbetrieb, Cichorienfabriken, Steinkohlenbergwerke, Rohzuckerfabriken und Zuckerraffinerien, Walz- und Hammerwerke, Hechelräume, Ziegeleien, Spinnereien, Molkereien, Konservenfabriken, Kleider- und Wäschekonfektionen und Getreidemühlen.*)

Diese Bestimmungen sind in den Buchhandlungen käuflich zu haben.

Strafbestimmmungen S. 89 90 (§§. 146, 149).

M. Bestimmungen über Werkstätten mit Motorbetrieb.**)

Für Werkstätten, in welchen durch elementare Kraft (Dampf, Wind, Wasser, Gas, Luft, Elektricität u. s. w.) bewegte Triebwerke nicht blos vorübergehend zur Verwendung kommen, gelten die Bestimmungen der Gewerbeordnung über die Beschäftigung von Kindern, jugendlichen Arbeitern und Arbeiterinnen ebenfalls, jedoch mit einigen Aenderungen.

Für diese Motorenbetriebe waren schon Bestimmungen in die Novelle vom 1. Juni 1891 aufgenommen worden.

---

*) Siehe Anlage.

**) Bekanntmachung, betr. die Ausführungsbestimmungen des Bundesraths über die Beschäftigung von jugendlichen Arbeitern und Arbeiterinnen in Werkstätten mit Motorbetrieb. Vom 18. Juli 1900.

Dieselben sind jedoch erst jetzt in Kraft gesetzt worden und haben vom 1. Januar 1901 an Gültigkeit:

Es werden unterschieden:

Werkstätten mit 10 oder mehr Arbeitern;
Werkstätten mit weniger als 10 Arbeitern;
Werkstätten der Handwerker mit weniger als 10 Arbeitern;
Werkstätten mit Wasserbetrieb.

Die Ausnahmebestimmungen für diese Werkstätten gegenüber den oben in diesem Hauptabschnitte besprochenen allgemeinen Bestimmungen der Gewerbeordnung sind folgende:

1. Werkstätten mit 10 und mehr Arbeitern.

Kinder zwischen 13 und 14 Jahren, welche nicht mehr zum Besuche der Volksschule verpflichtet sind, können täglich 10 Stunden beschäftigt werden.

Im Uebrigen gelten also alle über die Beschäftigung von Kindern, jugendlichen Arbeitern und Arbeiterinnen in Fabriken gültigen Bestimmungen (vgl. Seite 67—72).

Obige Ausnahme gilt jedoch für die Schleifer- und Poliererwerkstätten der Glas-, Stein- und Metallverarbeitung nicht.

Diese werden also wie Fabriken behandelt.

2. Werkstätten mit weniger als 10 Arbeitern.

Für die Beschäftigung von Kindern zwischen 13 und 14 Jahren gilt das bei „Werkstätten mit 10 und mehr Arbeitern" Gesagte.

Wird den jugendlichen Arbeitern zwischen 14 und 16 Jahren eine Mittagspause von 1½ Stunden gewährt, so kann von der Vor- und Nachmittagspause

Abstand genommen werden, während dies in Fabriken nur statthaft ist, wenn die Arbeitszeit 8 Stunden am Tage nicht überschreitet. Während der Pausen darf den jugendlichen Arbeitern eine Beschäftigung in dem Werkstattraum nicht gestattet werden.

Der Aufenthalt in den Räumen während der Pausen ist jedoch statthaft, während dies in Fabriken nur unter gewissen Voraussetzungen erlaubt ist.

Ein „Verzeichniß der jugendlichen Arbeiter" ist nicht auszuhängen, sondern nur der „Auszug aus den Bestimmungen".

In der Anzeige an die Ortspolizeibehörde ist nur die Lage der Werkstatt und die Art des Betriebes anzugeben.

Für Arbeiterinnen gelten im Allgemeinen dieselben Bestimmungen wie in Fabriken, nur für „Ueberarbeit" sind Erleichterungen zugelassen.

Für Arbeiterinnen, welche in Badeanstalten ausschließlich oder vorwiegend mit der Bereitung der Bäder und der Bedienung des Publikums beschäftigt sind, fällt die in der Gewerbeordnung vorgesehene Beschränkung der Arbeitszeit der Arbeiterinnen gänzlich weg, jedoch muß ihnen auch eine einstündige und auf Antrag eine 1½stündige Mittagspause gewährt werden.

Ebenso gilt auch für sie der Wöchnerinnenschutz.

An 40 Tagen im Jahr dürfen Arbeiterinnen über 16 Jahren bis zu 13 Stunden und bis Abends 10 Uhr beschäftigt werden.

Hierbei kommt jeder Tag in Anrechnung, an welchem auch nur eine Arbeiterin über die zulässige Dauer der Arbeitszeit hinaus beschäftigt ist.

Gewerbetreibende, welche Arbeiterinnen über 16 Jahre auf Grund der vorstehenden Bestimmungen länger beschäftigen, sind verpflichtet, ein Verzeichniß anzulegen, in welchem jeder Tag, an dem „Ueberarbeit" stattgefunden hat, noch am Tage der Ueberarbeit einzutragen ist.

Das Verzeichniß ist auf Erfordern der Ortspolizeibehörde, sowie dem Gewerbeaufsichtsbeamten jederzeit vorzulegen. Diese Ueberarbeit ist auch an den Vorabenden der Sonn- und Festtage zuläßig, während dies in Fabriken im Allgemeinen nicht gestattet worden ist.

Für mehr als 40 Tage im Jahr kann auf Antrag des Arbeitgebers eine Ueberbeschäftigung von der unteren Verwaltungsbehörde*) gestattet werden, wenn die Arbeitszeit für die Werkstätte oder die betreffende Abtheilung der Werkstätte so geregelt wird, daß ihre tägliche Dauer im Durchschnitte der Betriebstage des Jahres die regelmäßige gesetzliche Arbeitszeit nicht überschreitet.

Der Antrag ist schriftlich zu stellen und muß den Grund, aus welchem die Erlaubniß beantragt wird, die Zahl der in Betracht kommenden Arbeiterinnen, das Maß der längeren Beschäftigung sowie den Zeitraum angeben, für welchen dieselbe stattfinden soll.

Obwohl, wie schon oben bemerkt worden ist, diese Ueberarbeit auch an den Sonnabenden und Vorabenden der Festtage zuläßig ist, kann außerdem die untere Verwaltungsbehörde gestatten, daß an den Vorabenden der Sonn- und Festtage, Arbeiterinnen über 16 Jahre, welche kein Hauswesen zu besorgen haben und eine Fortbildungsschule nicht besuchen mit Reinigungs- und ähnlichen Arbeiten (§. 105c Ziffer 3 und 4) nach 5½ Uhr

*) s. S. 86.

Nachmittags beschäftigt werden, jedoch nicht über 8½ Uhr Abends.

Ein Aushängen der Erlaubniß der Behörde in den Arbeitsräumen wie es in Fabriken für diesen Fall vorgeschrieben ist, ist in Motorenbetrieben nicht nothwendig.

Zu der Ueberarbeit von 40 Tagen bedarf es einer besonderen Erlaubniß nicht.

Ausnahmen von den Bestimmungen über die Beschäftigung von Arbeiterinnen und jugendlichen Arbeitern „bei Unglücksfällen und Naturereignissen“ können schon von der unteren Verwaltungsbehörde*) bewilligt werden und in dringenden Fällen selbst von der Ortspolizeibehörde, von ersterer für 4 Wochen, von letzterer für 2 Wochen.

Ebenso können Ausnahmen „aus Rücksicht auf die Arbeiter oder wegen der Natur des Betriebes“ hinsichtlich der Pausen schon von der unteren Verwaltungsbehörde, im Uebrigen von der höheren Verwaltungsbehörde gestattet werden.

3. Werkstätten der Handwerke mit weniger als 10 Arbeitern.

Für diese gelten die Bestimmungen der Gewerbeordnung über die Beschäftigung von Arbeiterinnen und jugendlichen Arbeitern mit den unter 2 angegebenen Aenderungen.

Einige unter 2 angegebene Bestimmungen haben jedoch nur mit folgenden Aenderungen Anwendung.

Jugendliche männliche Arbeiter zwischen 13 und 16 Jahren können täglich länger als 10 Stunden, vor 5½ Uhr Morgens, nach 8½ Uhr Abends und ohne regelmäßige Pausen beschäftigt werden.

---

*) s. S. 86.

Eine Anzeige wegen der Beschäftigung von Arbeiterinnen und jugendlichen Arbeitern an die Ortspolizeibehörde ist nicht nothwendig, ebensowenig ein Aushängen des Verzeichnisses der jugendlichen Arbeiter, noch ein Aushängen des „Auszuges aus den betreffenden Bestimmungen".

Zum Handwerke im Sinne der vorstehenden Bestimmungen sind zu rechnen die Betriebe der

Bandagisten, Bandwirker, Böttcher, Buchbinder, Büchsenmacher, Bürsten- und Pinselmacher, Drahtflechter, Drechsler, Stein-, Zink-, Kupfer- und Stahldrucker, Färber und Zeugdrucker, Feilenhauer, Feinmechaniker, Gerber, Glaser, Gold- und Silberarbeiter, Graveure, Handschuhmacher, Hutmacher, Kammmacher, Klempner, Kürschner, Kupferschmiede, Messerschmiede, Metallgießer, Metzger (Fleischer), Mühlenbauer, Musikinstrumentenmacher, Posamentiere, Sattler (Riemer, Täschner), Schiffbauer, Schlosser, Grob- und Hufschmiede, Schneider, Schreiner (Tischler), Schuhmacher, Seifensieder, Seiler, Stellmacher (Wagner, Radmacher), Tapezierer, Töpfer, Tuchmacher, Uhrmacher, Weber.

Durch die höhere Verwaltungsbehörde kann bestimmt werden, daß gewisse Arten der vorbezeichneten Gewerbszweige, welche nach den besonderen Verhältnissen des Bezirkes nicht handwerksmäßig betrieben werden, nicht zum Handwerk zu rechnen sind.

4. Werkstätten mit Wasserbetrieb.

(Das sind solche, in denen ausschließlich oder vorwiegend Wasserkraft als Triebkraft benutzt wird.)

Für diese Werkstätten mit Wasserbetrieb, mit Ausnahme der Schleifer- und Polirerwerkstätten der Glas-, Stein- und Metallbearbeitung, gelten nur folgende Bestimmungen der Gewerbeordnung über die Beschäftigung von Arbeiterinnen und jugendlichen Arbeitern:

Kinder unter 13 Jahren dürfen nicht beschäftigt werden. Kinder über 13 Jahren dürfen nur beschäftigt werden, wenn sie nicht mehr zum Besuche der Volksschule verpflichtet sind.

Die Arbeitsstunden der jugendlichen Arbeiter und der Arbeiterinnen dürfen nicht vor 5½ Uhr Morgens beginnen und nicht über 8½ Uhr Abends dauern.

An Sonn- und Festtagen sowie während der von dem ordentlichen Seelsorger für den Katechumenen- und Konfirmanden-, Beicht- und Kommunionunterricht bestimmten Stunden dürfen jugendliche Arbeiter nicht beschäftigt werden.

Arbeiterinnen über 16 Jahre, welche ein Hauswesen zu besorgen haben, sind auf ihren Antrag eine halbe Stunde vor der Mittagspause zu entlassen, sofern diese nicht mindestens 1½ Stunde beträgt.

Wöchnerinnen dürfen während 4 Wochen nach ihrer Niederkunft überhaupt nicht und während der folgenden 2 Wochen nur beschäftigt werden, wenn das Zeugniß eines approbirten Arztes dies für zulässig erklärt.

Anzeige an die Ortspolizeibehörde und Aushängen des „Auszuges aus den Bestimmungen" ist nothwendig.

Werden in diesen Werkstätten in der Regel weniger als 10 Arbeiter beschäftigt, so dürfen Arbeiterinnen über 16 Jahre an 40 Tagen im Jahre über 8½ Uhr Abends hinaus bis spätestens 10 Uhr Abends beschäftigt werden.

Hierbei kommt jeder Tag in Anrechnung, an welchem auch nur eine Arbeiterin über 8½ Uhr Abends beschäftigt wird. Es muß aber dann auch das unter 2 erwähnte Verzeichniß geführt werden.

Für mehr als 40 Tage kann diese Ueberarbeit unter denselben Bedingungen, wie unter 2 angegeben, gestattet werden.

Ebenso kann für die Werkstätten mit Wasserbetrieb, falls sie weniger als 10 Arbeiter beschäftigen, bei Naturereignissen und Unglücksfällen, sowie aus Rücksichten auf die Arbeiter oder die Natur des Betriebes gestattet werden, daß die Arbeiterinnen und jugendlichen Arbeiter in der Zeit zwischen 8½ Uhr Abends und 5½ Uhr Morgens und die jugendlichen Arbeiter an Sonn- und Festtagen beschäftigt werden.

Bezüglich dieser Ausnahmen finden die entsprechenden Bestimmungen unter 2 Anwendung.

Sind die Werkstätten mit Wasserbetrieb als „Handwerksbetriebe" anzusehen, so können jugendliche Arbeiter auch vor 5½ Uhr Morgens und nach 8½ Uhr Abends beschäftigt werden.

Eine Anzeige an die Ortspolizeibehörde, sowie ein Aushängen der Bestimmungen ist nicht nothwendig.

Im Uebrigen gelten die für Wasserbetriebe erlassenen Bestimmungen. Werkstätten mit Motorbetrieb, in denen der Arbeitgeber ausschließlich zu seiner Familie gehörige Personen beschäftigt, fallen unter die vorstehenden Bestimmungen nicht.

Werden Bäckereien und Konditoreien, Getreidemühlen oder Werkstätten der Kleider- und Wäschekonfektion mit Motoren betrieben, so gelten für letztere nur die S. 73 erwähnten Bestimmungen, für die Bäckereien, Konditoreien und Getreidemühlen, jedoch neben diesen auch die Bestimmungen der §§. 135 Abs. 1 (S. 67) und 137 Abs. 4 u. 5 (S. 69).

Die sämmtlichen vorstehenden Bestimmungen gelten ebenfalls nicht für diejenigen Motorenbetriebe, welche ihrer Art, ihrem Umfange oder der Zahl der beschäftigten Arbeiter nach als Fabriken anzusehen sind.

Welche Betriebe als Fabriken angesehen werden müssen, ist in jedem einzelnen Falle zu entscheiden. Um es dem Leser zu ermöglichen, sich schnell über die Anwendbarkeit der vorstehenden Bestimmungen auf bestimmte Betriebe zu unterrichten, sind diese Bestimmungen noch einmal in Tabellenform zusammengestellt worden. Die Tabellen sind der Anlage beigefügt worden.

Die eine giebt über die für die verschiedenen Motorenbetriebe geltenden allgemeinen Bestimmungen, die zweite über die Ausnahmebestimmungen Auskunft.

Es wird den Inhabern von Motorenbetrieben an der Hand der Tabelle leichter werden, festzustellen, in welcher Weise in ihren Betrieben Kinder, jugendliche Arbeiter oder Arbeiterinnen beschäftigt werden dürfen.

Strafbestimmungen S. 89, 90 (§§. 146, 149).

N. Aufsicht.

Die Aufsicht über die Ausführung der Bestimmungen über die Sonntagsruhe, über den Schutz der Arbeiter vor Gefahren, über die Arbeitsordnungen, über den Schutz der Kinder, der jugendlichen Arbeiter und Arbeiterinnen ist neben den ordentlichen Polizeibehörden, besonderen Beamten (in Preußen Regierungs- und Gewerberäthen, Gewerbeinspektoren, Gewerbeinspektions-Assistenten) übertragen. §.139b.

Dieselben haben außerdem die Aufsicht über die

Arbeits- und Lohnzahlungsbücher und Zeugnisse, über die Lohnzahlung, die genehmigungspflichtigen Anlagen, die Dampfkessel und die Dampffässer.

Dieselben haben das Recht, die gewerblichen Anlagen zu jeder Zeit, auch in der Nacht, während des Betriebes zu revidiren. Strafbest. S. 90 (§ 149).

Die genannten Beamten haben auch Jahresberichte über ihre Thätigkeit zu erstatten.

Sie werden von den Landesregierungen ernannt.

In Preußen unterstehen sie dem für ihren Bezirk zuständigen Regierungs-Präsidenten und in höchster Instanz dem Minister für Handel und Gewerbe.

„Die Gewerbeaufsichtsbeamten sollen in dem ihnen zugewiesenen Wirkungskreise in Ergänzung der den ordentlichen Polizeibehörden obliegenden Thätigkeit für eine möglichst vollständige und gleichmäßige Durchführung der Bestimmungen der Gewerbeordnung und der auf Grund ihrer erlassenen Vorschriften Sorge tragen. Dabei sollen sie ihre Aufgabe vornehmlich darin suchen, gestützt auf ihre Vertrautheit mit den gesetzlichen Bestimmungen, ihre technischen Kenntnisse und amtlichen Erfahrungen durch sachverständige Berathung und wohlwollende Vermittelung eine Regelung der Betriebs- und Arbeitsverhältnisse herbeizuführen, welche, ohne dem Gewerbeunternehmer unnöthige Opfer oder zwecklose Beschränkungen aufzuerlegen, den Arbeitern den vollen durch das Gesetz ihnen zugedachten Schutz gewährt und das Publikum gegen gefährdende und belästigende Einwirkungen sicher stellt.

Arbeitgebern und Arbeitern sollen die Gewerbeaufsichtsbeamten die gleiche Bereitwilligkeit zur Vertretung ihrer berechtigten Interessen entgegenbringen und dadurch, wie durch die ganze Art ihrer amtlichen Thätigkeit eine Vertrauensstellung zu gewinnen suchen, welche sie zur Erhaltung und Förderung guter Beziehungen zwischen beiden mitzuwirken in den Stand setzt.

Die Arbeitgeber sollen sie bei Geltendmachung der Anforderungen des Gesetzes in deren Erfüllung bereitwillig unterstützen und auf Wunsch auch in der Ausführung von Einrichtungen, welche auf die Verbesserung der Lage der Arbeiter innerhalb und außerhalb des Betriebes abzielen, zu fördern suchen.

Wünsche und Beschwerden der Arbeiter sollen sie bereitwillig entgegennehmen und, falls sie sich von ihrer Berechtigung überzeugt haben, ihnen, soweit sie es nach ihrer amtlichen Stellung vermögen, Erfüllung und Abhülfe zu schaffen suchen. Die durch ihre amtliche Thätigkeit sich ihnen bietende Gelegenheit, sich über die Verhältnisse der Arbeiterbevölkerung ihres Amtsbezirks zu unterrichten, sollen sie sorgfältig benutzen und sich über die in diesen Verhältnissen eintretenden Veränderungen in fortlaufender Kenntniß erhalten."

O. Gehülfen, Lehrlinge und Arbeiter in offenen Verkaufsstellen.

1. Ruhezeit und Pausen.

In offenen Verkaufsstellen und den dazu gehörenden Schreibstuben (Kontoren) und Lagerräumen ist den Gehülfen Lehrlingen und Arbeitern nach Beendigung der §. 139c.

täglichen Arbeitszeit eine ununterbrochene Ruhezeit von mindestens 10 Stunden zu gewähren.

In Gemeinden von mehr als 20000 Einwohnern muß die Ruhezeit in offenen Verkaufsstellen, in denen zwei oder mehr Gehülfen und Lehrlinge beschäftigt werden, für diese mindestens 11 Stunden betragen; für kleinere Ortschaften kann diese Ruhezeit durch Ortsstatut vorgeschrieben werden.

Innerhalb der Arbeitszeit muß den Gehülfen, Lehrlingen und Arbeitern eine angemessene Mittagspause gewährt werden.

Für Gehülfen, Lehrlinge und Arbeiter, die ihre Hauptmahlzeit außerhalb des die Verkaufsstelle enthaltenden Gebäudes einnehmen, muß diese Pause mindestens 1½ Stunde betragen.

2. Ausnahmen.

§.189d. Diese Bestimmungen finden keine Anwendung

1. auf Arbeiten, die zur Verhütung des Verderbens von Waaren unverzüglich vorgenommen werden müssen,
2. für die Aufnahme der gesetzlich vorgeschriebenen Inventur, sowie bei Neueinrichtungen und Umzügen,
3. außerdem an jährlich höchstens dreißig von der Ortspolizeibehörde allgemein oder für einzelne Geschäftszweige zu bestimmenden Tagen.

Diese erweiterte Geschäftszeit kann niemals für bestimmte einzelne Geschäfte, sondern nur allgemein oder für einzelne Geschäftszweige gestattet werden.

Es sollen auch nicht alle 30 Tage im Voraus festgesetzt werden, sondern es ist ein Theil der Tage für unvorhergesehene Fälle aufzusparen.

3. Ladenschluß.

Von neun Uhr Abends bis 5 Uhr Morgens müssen offene Verkaufsstellen für den geschäftlichen Verkehr geschlossen sein. Die beim Ladenschluß im Laden schon anwesenden Kunden dürfen noch bedient werden. § 139e u. f.

Ueber neun Abends dürfen Verkaufsstellen für den geschäftlichen Verkehr geöffnet sein

a) für unvorhergesehene Nothfälle,

b) an höchstens 40 von der Ortspolizeibehörde zu bestimmenden Tagen, jedoch bis spätestens zehn Uhr Abends,

c) nach näherer Bestimmung der höheren Verwaltungsbehörde in Städten mit weniger als 2000 Einwohnern, sowie in ländlichen Gemeinden, sofern in denselben der Geschäftsverkehr sich vornehmlich auf einzelne Tage der Woche oder auf einzelne Stunden des Tages beschränkt.

Die oben angegebenen Ruhezeiten und Pausen müssen jedoch stets gewährt werden.

Während der Zeit, wo die Verkaufsstellen geschlossen sein müssen, ist das Feilbieten von Waaren auf öffentlichen Wegen, Straßen, Plätzen oder an anderen öffentlichen Orten oder ohne vorherige Bestellung von Haus zu Haus im stehenden Gewerbebetriebe sowie im Gewerbebetriebe im Umherziehen verboten.

Ausnahmen können von der Ortspolizeibehörde zugelassen werden.

Automaten sind im Allgemeinen ebenfalls offene Verkaufsstellen.

Auch von obigen 40 Tagen sollen einige für unvorhergesehene Fälle aufgespart bleiben.

Die Regelung muß für alle Verkaufsstellen einheitlich erfolgen.

Da die Dauer des Ladenschlusses im Allgemeinen 8 Stunden, die Dauer der vorgeschriebenen Ruhezeiten aber 10 und 11 Stunden beträgt, so wird der Ladeninhaber, wenn er seine Verkaufsstelle nur 8 Stunden geschlossen halten will, 2 oder 3 Stunden seine Kunden nur allein oder mit Familienangehörigen bedienen dürfen, wenn er nicht vorzieht, seinen Angestellten zu verschiedenen Stunden ihre Ruhezeit zu gewähren.

Deshalb ist vorgesehen, daß auf Antrag von mindestens $^2/_3$ der Geschäftsinhaber durch die höhere Verwaltungsbehörde bestimmt werden kann, daß die Verkaufsstellen bis zu 10 und 11 Stunden und zwar von Abends 8 bis Morgens 6 oder 7 Uhr geschlossen sein müssen.

Dies kann auch auf Antrag von einem Drittel verfügt werden, dann müssen aber zwei Drittel ihre Zustimmung geben.

Natürlich ist auch dann während dieses längeren Ladenschlusses ein Feilbieten von Waaren auf der Straße u. s. w. verboten, soweit es nicht durch die Ortspolizeibehörde gestattet worden ist.

Strafbestimmungen S. 89 (§§. 146, 146a).

4. Schutz der Angestellten vor Gefahren.

§. 139g. Die Polizeibehörden sind befugt, im Wege der Verfügung für einzelne Verkaufsstellen anzuordnen, daß die Geschäftsräume und die für den Geschäftsbetrieb bestimmten Vorrichtungen und Geräthschaften, so eingerichtet und zu unterhalten sind und der Geschäftsbetrieb so geregelt wird, daß der Handlungsgehülfe gegen eine Gefährdung seiner Gesundheit, soweit die Natur des Betriebes es gestattet, geschützt und die Aufrechterhaltung der guten Sitten und des Anstandes gesichert ist.

Gegen die Verfügung steht binnen 14 Tagen Beschwerde an die höhere Verwaltungsbehörde (den Regierungs-Präsidenten) und gegen dessen Entscheidung binnen 4 Wochen Beschwerde an die Centralbehörde (das ist in Preußen der Minister für Handel und Gewerbe) zu, welche endgültig entscheidet.

Eine richterliche Entscheidung ist ausgeschlossen.

Durch den Bundesrath können allgemeine Anordnungen über die Beschaffenheit der Ladenräume u. s. w. getroffen werden.

Soweit der Bundesrath solche nicht getroffen hat, können sie von der Landescentralbehörde getroffen werden. Strafbest. S. 89 (§. 147).

5. Arbeits-Ordnungen.

Für jede offene Verkaufsstelle in welcher in der Regel mindestens 20 Gehülfen und Lehrlinge beschäftigt werden, ist innerhalb 4 Wochen nach Inkrafttreten dieses Gesetzes oder nach der Eröffnung des Betriebes eine Arbeits-Ordnung zu erlassen. Strafbest. S. 89, 90 (§§. 147, 148, 149.) §.139k u. f.

Diejenigen Gehülfen kommen nicht in Anrechnung, welche wegen außergewöhnlicher Häufung der Arbeit oder aus anderen Gründen nur vorübergehend angenommen werden.

Die oben unter Abschnitt II k Seite 62—67 dieser Schrift behandelten Bestimmungen der Gewerbeordnung über die Arbeits-Ordnungen finden im Allgemeinen entsprechende Anwendung bis auf Ziffer 5 von §. 134 b.

Andere als die in der Arbeits-Ordnung oder in den §§. 71 und 72 (siehe Anlage) des Handelsgesetzbuches vorgesehenen Gründe der Entlassung und des Austritts aus der Arbeit dürfen im Arbeitsvertrage nicht vereinbart werden. Auch in offenen Verkaufsstellen und anderen Betrieben des Handelsgewerbes kann die Zahl der Lehrlinge durch die untere Verwaltungsbehörde*) beschränkt werden, wenn dies im Interesse der Ausbildung der Lehrlinge nothwendig erscheint. (Vergl. §. 128 S. 58.)

4. Titel X. Strafbestimmungen.

Die Verstöße gegen die Bestimmungen der Gewerbeordnung sind „Uebertretungen" oder „Vergehen".

§. 1 u. 67 Straf-gesetz-buch. Eine Uebertretung liegt vor, wenn der Verstoß mit einer Geldstrafe bis zu 150 Mark oder entsprechender Haft bestraft wird, ein Vergehen, wenn Geldstrafe über 150 Mark oder Festungshaft bis zu 5 Jahren oder Gefängniß angedroht wird.

§. 145 G.O. Die Strafverfolgung von Uebertretungen verjährt in 3 Monaten, von Vergehen, die mit mehr als 3 Monaten Gefängniß bedroht sind, in 5 Jahren, von anderen Vergehen gewöhnlich in 3 Jahren. Die in den §§. 146a, 147, 148, 149, 150 der Gewerbeordnung bezeichneten Vergehen verjähren jedoch ebenfalls schon in 3 Monaten.

Die wichtigsten Strafbestimmungen der Gewerbeordnung sind folgende:

§. 146. Mit Geldstrafen bis zu 2000 Mark oder Gefängniß bis zu 6 Monaten werden bestraft:

Vergehen gegen die Bestimmungen über die Lohnzahlung.

*) s. S. 36.

Vergehen gegen die Bestimmungen über die Beschäftigung von Kindern, jugendlichen Arbeitern und Arbeiterinnen und die Angestellten in offenen Verkaufsstellen.

Vergehen gegen die Bestimmungen über die Eintragungen u. s. w. in **Arbeitsbücher**, Zeugnisse und Lohnbücher.

Mit Geldstrafen bis zu 600 **Mark** oder **Haft** wird beſtraft: §. 146a.

wer Arbeitern an Sonn- und Festtagen der Gewerbeordnung zuwider Beschäftigung giebt und wer den Bestimmungen über den Ladenschluß in offenen Verkaufsstellen zuwiderhandelt.

Mit Geldstrafen bis zu 300 **Mark** oder **Haft** werden bestraft: §. 147.

Vergehen gegen die Bestimmungen über die genehmigungspflichtigen Anlagen und Gewerbe;

Vergehen gegen die zum Schutz der Arbeiter und der Angestellten in offenen Verkaufsstellen gegen Gefahren getroffenen Bestimmungen;

Vergehen gegen die Bestimmungen zum Erlaß einer Arbeits-Ordnung für Fabriken und offene Verkaufsstellen.

Mit Geldstrafen bis zu 150 **Mark** oder **Haft bis zu 4 Wochen** werden bestraft: §. 148.

Uebertretungen der Bestimmungen über die Lehrlinge.

Uebertretungen einiger Bestimmungen über die Arbeits-Ordnung.

Uebertretungen der Bestimmungen über die Lohnzahlung in Gast- und Schankwirthschaften und an Dritte sowie über Lohneinbehaltungen.

§. 149. Mit Geldstrafen bis zu 30 Mark oder Haft bis zu 8 Tagen werden bestraft:

Uebertretungen der Bestimmungen über die Sonntagsverzeichnisse, über das Aushängen und Aushändigen der Arbeits-Ordnungen, über die bei Beschäftigung von Kindern, jugendlichen Arbeitern und Arbeiterinnen nothwendigen Aushänge und über die Aufsicht.

§. 150. Mit Geldstrafen bis zu 20 Mark oder Haft bis zu 3 Tagen werden bestraft:

Uebertretungen gegen die übrigen Bestimmungen über die Arbeitsbücher, Lohnbücher und Arbeitszettel, über den Fortbildungsschulunterricht, über den Lehrvertrag und über das Strafenverzeichniß.

Koalitionsfreiheit.

§. 152. Alle Verbote und Strafbestimmungen gegen Gewerbetreibende, gewerbliche Gehülfen, Gesellen oder Fabrikarbeiter wegen Verabredungen und Vereinigungen zum Behufe der Erlangung günstiger Lohn- und Arbeitsbedingungen, insbesondere mittelst Einstellung der Arbeit (Ausstand, Streike) oder Entlassung der Arbeiter (Aussperrung) werden aufgehoben.

Jedem Theilnehmer steht der Rücktritt von solchen Vereinigungen und Verabredungen frei und es findet aus letzteren weder Klage noch Einrede statt.

§. 153. Wer andere durch Anwendung körperlichen Zwanges, durch Drohungen, durch Ehrverletzung oder durch Verrufserklärung bestimmt oder zu bestimmen versucht, an solchen Verabredungen (§. 152) Theil zu nehmen oder ihnen Folge zu leisten, oder andere durch gleiche Mittel hindert oder zu hindern versucht, von solchen Verabredungen zurückzutreten, wird mit Gefängniß bis zu 3 Monaten bestraft, sofern nach dem allgemeinen Strafgesetz nicht eine härtere Strafe eintritt.

II. Gesetz, betreffend die „Gewerbegerichte" vom 29. Juli 1890.

A. Zuständigkeit.

Die Gewerbegerichte sind für die Entscheidung von §. 1. gewerblichen Streitigkeiten zwischen Arbeitern einerseits und ihren Arbeitgebern andrerseits, sowie zwischen Arbeitern desselben Arbeitgebers errichtet worden. Sie sind also nicht da für private Streitigkeiten und für gewerbliche Streitigkeiten zwischen diesen Personen und fremden Arbeitgebern oder Arbeitern aus anderen Betrieben.

Die Bestimmungen dieses Gesetzes finden keine An- §. 76. wendung auf Gehülfen und Lehrlinge in Handelsgeschäften, sowie auf Arbeiter, welche in den unter der Militär- oder Marineverwaltung stehenden Betriebsanlagen beschäftigt sind.

Die Zuständigkeit der Innungen zur Entscheidung §. 79 von Streitigkeiten zwischen den Innungsmitgliedern und ihren Gesellen, Lehrlingen und Arbeitern (Seite 27) erleidet durch das Gesetz keine Einschränkung.

Das Gewerbegericht ist zuständig für alle Streitig- §. 3. keiten:

1. über den Antritt, die Fortsetzung oder die Auflösung des Arbeitsverhältnisses, sowie über die Aushändigung oder den Inhalt des Arbeitsbuches oder Zeugnisses;

2. über die Leistungen und Entschädigungsansprüche aus dem Arbeitsverhältnisse, sowie über eine in Beziehung auf dasselbe bedungene Konventionalstrafe;
3. über die Berechnung und Anrechnung der Krankenversicherungsbeiträge der Arbeiter;
4. über Ansprüche, die auf Grund der Uebernahme einer gemeinsamen Arbeit von Arbeitern desselben Arbeitgebers gegen einander erhoben werden.

§. 4. Vor die Gewerbegerichte gehören ferner Streitigkeiten der Art zu 1 bis 3 zwischen Hausgewerbetreibenden und ihren Arbeitgebern, sofern die Beschäftigung auf die Be- oder Verarbeitung der jenen von den Arbeitgebern gelieferten Rohstoffe oder Halbfabrikate beschränkt ist, sowie zwischen Streitigkeiten der Art zu 4 zwischen solchen Hausgewerbetreibenden unter einander.

§. 71. Ist ein zuständiges Gewerbegericht nicht vorhanden, so kann bei Streitigkeiten der unter 1 und 3 bezeichneten Art, jede Partei die vorläufige Entscheidung des Gemeindevorstehers nachsuchen.

Wenn nicht binnen 10 Tagen Klage bei dem ordentlichen Gericht erhoben worden ist, so hat diese Entscheidung Rechtskraft.

§. 2. Als Arbeiter im Sinne dieses Gesetzes gelten diejenigen Gesellen, Gehülfen, Fabrikarbeiter und Lehrlinge, auf welche der VII. Titel der Gewerbeordnung Anwendung findet, und Betriebsbeamte, Werkmeister und mit höheren technischen Dienstleistungen betraute Angestellte, deren Jahresarbeitsverdienst an Lohn oder Gehalt 2000 Mark nicht übersteigt.

§. 14. Die mit der Leitung eines Gewerbebetriebes oder eines bestimmten Zweiges desselben betrauten „Stellvertreter“ stehen den selbständigen Gewerbetreibenden gleich.

B. Errichtung.

Die Gewerbegerichte können errichtet werden §. 1.

a) für den Bezirk einer Gemeinde durch Ortsstatut. Mehrere Gemeinden können sich zur Errichtung eines gemeinsamen Gewerbegerichts vereinigen;

b) auf Antrag betheiligter Arbeitgeber und Arbeiter von der Landescentralbehörde, wenn trotz Aufforderung der Erlaß dieses Kommunalstatuts nicht erfolgt;

C. Zusammensetzung.

Für jedes Gewerbegericht sind ein Vorsitzender §. 9. und mindestens ein Stellvertreter, welche weder Arbeitgeber noch Arbeitnehmer sein dürfen, sowie mindestens 4 Beisitzer zu berufen.

Erstere werden vom Magistat und wo solcher nicht vorhanden ist, durch die Gemeindevertretung auf mindestens 1 Jahr gewählt. Letztere werden zur Hälfte von den Arbeitgebern, zur Hälfte von den Arbeitern auf mindestens 1 und höchstens 6 Jahre gewählt.

Zur Theilnahme an den Wahlen ist berechtigt, wer §. 13. das 25. Lebensjahr vollendet und seit mindestens einem Jahr in dem Bezirke des Gewerbegerichts Wohnung oder Beschäftigung hat.

Innungsmitglieder und deren Arbeiter sind nicht wählbar, wenn für die betreffende Innung ein Innungsschiedsgericht besteht.

Zum Mitglied eines Gewerbegerichts kann gewählt §. 10.

werden, wer das 30. Lebensjahr vollendet und seit mindestens 2 Jahren im Bezirke des Gewerbegerichts wohnt oder beschäftigt ist.

D. Verfahren.

§. 25. Die Klage ist bei dem Gewerbegericht anzubringen, in dessen Bezirk die streitige Verpflichtung zu erfüllen ist.

§. 30. Es ist nicht nöthig, daß die Klage schriftlich eingereicht wird, sie kann vielmehr auch bei dem Gerichtsschreiber des Gewerbegerichts mündlich zu Protokoll gegeben werden.

§. 33 bis 35. Der Verhandlungstermin wird von dem Vorsitzenden des Gewerbegerichts angesetzt. Die Ladung, welche schriftlich und mündlich erfolgen kann, muß spätestens am Tage vor dem Termin erfolgen.

An ordentlichen Gerichtstagen des Gewerbegerichts können die Parteien auch ohne vorherige Klage und Ladung vor dem Gericht erscheinen.

§. 29. Rechtsanwälte und Rechtskonsulenten sind nicht zugelassen.

§. 39. Der Verhandlung hat ein Sühneversuch vorauszugehen.

§. 36. Die Verhandlung ist eine öffentliche. Die Oeffentlichkeit kann jedoch durch das Gericht ausgeschlossen werden.

§. 57. Für die Verhandlung wird eine einmalige Gebühr erhoben.

Dieselbe beträgt bei einem Gegenstande im Werthe

bis 20 Mk. einschließlich	1,00 Mk.
von mehr als 20 Mk. bis 50 Mk. einschließl.	1,50 Mk.
„ „ „ 50 Mk „ 100 Mk. „	3,00 Mk.

Bei weiteren 100 Mk. steigen die Gebühren um je 3 Mk., die höchste Gebühr beträgt 30 Mk.

Bei einem Vergleich wird eine Gebühr nicht erhoben.

Schreibgebühren kommen nicht in Ansatz. Berufung ist nur bei Sachen über 100 Mk. zulässig. §. 55.

E. Gewerbegericht als Einigungsamt.

Das Gewerbegericht kann in Fällen von Streitigkeiten, welche zwischen Arbeitgebern und Arbeitern über die Bedingungen, die Fortsetzung oder Wiederaufnahme des Arbeitsverhältnisses entstehen, auf Antrag beider Theile als Einigungsamt angerufen werden. Für die Verhandlung sind Vertreter der Arbeitgeber und Arbeiter zu bestellen. §. 61 bis 69

Als Vertreter kann nur bestellt werden, wer das 25. Lebensjahr vollendet hat und sich im Besitze der bürgerlichen Ehrenrechte befindet.

Das Einigungsamt soll aus dem Vorsitzenden und 4 Beisitzern, je 2 Arbeitgebern und Arbeitern bestehen, auch können noch Vertrauensmänner zugezogen werden.

Beisitzer und Vertrauensmänner dürfen nicht zu den Betheiligten gehören.

Kommt eine Vereinbarung zu Stande, so ist sie zu veröffentlichen, kommt sie nicht zu Stande, so ist ein Schiedsspruch abzugeben.

Dieser ist mit den Erklärungen der Parteien zu veröffentlichen.

Ist ein Schiedsspruch zu Stande gekommen, so haben sich die Vertreter binnen einer bestimmten Frist zu erklären, ob sie sich demselben unterwerfen wollen.

Schiedsspruch und Erklärung sind zu veröffentlichen.

Ist weder Vereinbarung noch Schiedsspruch zu Stande gekommen, so ist das öffentlich bekannt zu machen.

§. 70. Das Gewerbegericht ist verpflichtet, auf Ansuchen von Staatsbehörden oder des Vorstandes des Kommunalverbandes, für welchen dasselbe errichtet ist, Gutachten über gewerbliche Fragen abzugeben und berechtigt, in gewerblichen Fragen Anträge an Behörden und an Vertretungen von Kommunalverbänden zu richten.

III. Gesetz, betreffend die Krankenversicherung der Arbeiter vom $\frac{\text{15. Juni 1883.}}{\text{10. April 1892.}}$

A. Geltungsbereich.

§. 1. Gegen Krankheit zu versichern sind alle auf wenigstens eine Woche gegen Gehalt oder Lohn beschäftigte Personen männlichen und weiblichen Geschlechts jeden Alters.

1. in Bergwerken, Salinen, Aufbereitungsanstalten, Brüchen und Gruben, in Fabriken und Hüttenwerken, beim Eisenbahn- und Binnenschifffahrtsbetriebe, auf Werften, bei Bauten, im Handelsgewerbe, im Handwerk und anderen stehenden Gewerbebetrieben, in Motorenbetrieben, (außer, wenn diese nur eine nicht zur Anlage gehörige Kraftmaschine vorübergehend benutzen), im Baggereibetriebe;
2. im Betriebe der Post-, Telegraphen-, Eisenbahn-, Marine- und Heeresverwaltung, im Speditions-, Speicherei- und Kellereibetriebe, im Gewerbebetriebe der Güterlader u. s. w., im Betriebe der

Anwälte, Notare, Gerichtsvollzieher, Krankenkassen, Berufsgenossenschaften, Versicherungsanstalten.

Als Lohn gelten auch Naturalien, Tantiemen u. s. w.

Handlungsgehülfen und Lehrlinge unterliegen der Versicherungspflicht nur, wenn durch Vertrag die ihnen durch §. 63*) des Handelsgesetzbuches zustehenden Rechte aufgehoben oder beschränkt sind.

Nicht versicherungspflichtig sind z. B.:

Alle selbstständigen Gewerbetreibenden, nur vorübergehend oder auf weniger als eine Woche beschäftigte Personen, Seeleute, Dienstboten, Gehülfen und Lehrlinge in Apotheken, die in der Land- und Forstwirthschaft beschäftigten Arbeiter, ferner Betriebsbeamte, Werkmeister, Techniker, Handlungsgehülfen und bei Anwälten u. s. w. beschäftigte Personen, wenn ihr Arbeitsverdienst 6⅔ Mark täglich oder 2000 Mark jährlich übersteigt, sowie Personen des Soldatenstandes, sowie solche im Betriebe oder Dienste des Reiches, eines Staates oder Kommunalverbandes beschäftigte Personen, welche Anspruch auf Fortzahlung des Gehaltes oder des Lohnes mindestens für 13 Wochen oder auf eine dem Gesetz entsprechende Unterstützung haben.

§. 2. Die Versicherungspflicht kann durch statutarische Bestimmungen einer Gemeinde oder eines weiteren Kommunalverbandes u. A. ausgedehnt werden, auf Hausindustrielle, auf Handlungsgehülfen und -Lehrlinge, wenn sie nicht versicherungspflichtig sind, auf in der Land- und Forstwirthschaft beschäftigte Arbeiter und Be-

*) Siehe Anlage.

triebsbeamte, die vorübergehend Beschäftigten und die nicht in Lohnverhältniß stehenden beschäftigten Familienangehörigen.

§. 3a. Auf ihren Antrag können von der Versicherungspflicht befreit werden:

Nur theilweise oder zeitweise erwerbsfähige Personen mit Zustimmung des Armenverbandes und Personen, welche gegen ihren Arbeitgeber einen Rechtsanspruch haben, welcher ihnen eine gleiche Unterstützung gewährt, wie die Krankenversicherung.

§. 3b. Auf Antrag des Arbeitgebers können befreit werden:

Lehrlinge und solche Personen wie z. B. in Arbeiterkolonien untergebrachte, welchen freie Kur und Verpflegung im Krankenhause auf 13 Wochen durch den Arbeitgeber gesichert ist.

§. 4. Alle Personen der in Vorstehendem bezeichneten Art, die der Versicherungspflicht nicht unterliegen, können sich, wenn ihr Jahreseinkommen nicht größer als 2000 Mark ist, bei der Gemeinde-Krankenversicherung freiwillig versichern, ebenso Dienstboten.

Durch statutarische Bestimmungen kann dies auch anderen nicht versicherungspflichtigen Personen gestattet werden, wenn ihr Jahreseinkommen 2000 Mark nicht übersteigt.

Bei diesen Personen kann eine ärztliche Untersuchung verlangt werden.

B. Träger der Versicherung.

Man unterscheidet sogenannte Zwangskassen, freie Hülfskassen und die Gemeinde-Krankenversicherung.

Die Zwangskassen zerfallen in:

1. **Ortskrankenkassen**, welche die Gemeinden errichten dürfen, wenn mindestens 100 Versicherungspflichtige vorhanden sind. §. 16 u. f.

Diese Ortskrankenkassen sollen in der Regel nach Gewerbszweigen und Betriebsarten getrennt errichtet werden, es können jedoch auch verschiedene Gewerbszweige und Betriebsarten zu gemeinsamen Ortskrankenkassen vereinigt werden.

Die Gemeinden sind berechtigt, Gewerbszweige oder Betriebsarten, für welche Ortskrankenkassen nicht errichtet sind, einer bestehenden Ortskrankenkasse zuzuweisen.

2. **Betriebs- oder Fabrikkrankenkassen.** Solche können Unternehmer mit wenigstens 50 versicherungspflichtigen Personen errichten, bei einer geringeren Zahl kann die Errichtung gestattet werden, wenn die Leistungsfähigkeit der Kasse sichergestellt ist. §. 59 u. f.

Die Unternehmer können zur Errichtung einer Betriebs- oder Fabrikkrankenkasse angehalten werden, wenn der Betrieb besonders gesundheitsgefährlich ist, auch wenn weniger als 50 versicherungspflichtige Personen vorhanden sind.

3. **Baukrankenkassen**, welche die Bauherren vorübergehender Baubetriebe mit einer größeren Arbeiterzahl auf Anordnung der Behörden zu errichten haben. §. 69 u. f.

4. **Innungskrankenkassen**, welche die Innungen für die Gesellen und Lehrlinge ihrer Mitglieder errichten dürfen. §. 73.

5. **Knappschaftskassen**, welche für Bergarbeiter errichtet werden. §. 74.

§ 75 u. f. Freie Hülfskassen sind Krankenkassen, welche die gegenseitige Unterstützung ihrer Mitglieder für den Fall der Krankheit bezwecken und auf freier Uebereinkunft beruhen.

Für Versicherungspflichtige, welche weder einer Zwangskasse noch einer freien Hülfskasse angehören, tritt die Gemeinde-Krankenversicherung ein.

Die Gemeinden sind jedoch von der Verpflichtung zur Errichtung der Gemeinde-Krankenversicherung befreit, wenn den nach dem Gesetze zur Theilnahme an der Versicherung Berechtigten der Beitritt zu einer organisirten Kasse ermöglicht ist.

C. Leistungen der Krankenkassen und Beiträge.

Von der Gemeindeversicherung und den freien Hülfskassen fordert das Gesetz als Krankenunterstützung mindestens Folgendes:

a) Vom Beginne der Krankheit ab freie ärztliche Behandlung und Arznei, sowie Bruchbänder, Brillen und ähnliche Heilmittel.

b) Wenn der Kranke erwerbsunfähig ist, vom dritten Tage nach der Erkrankung ab für jeden Arbeitstag ein wöchentlich nachträglich zahlbares Krankengeld in Höhe von mindestens der Hälfte des ortsüblichen Tagelohnes; die Unterstützung hört mit dem Ende der 13. Woche nach Beginn der Krankheit auf, bei Erwerbsunfähigkeit 13 Wochen nach Beginn des Krankengeldbezuges.

An Stelle dieser Leistungen kann freie Kur und Verpflegung in einem Krankenhause bei Gewährung der Hälfte des Krankengeldes für die Angehörigen treten, bei Kranken mit eigenem

Haushalt aber nur mit deren Zustimmung oder wenn die Art der Krankheit es unbedingt erfordert.

Die übrigen Kassen, also die Zwangskassen, haben außerdem mindestens zu leisten:

c) ein Sterbegeld in Höhe des 20fachen Betrages des Tagelohnes;

d) für Wöchnerinnen eine vierwöchentliche Krankenunterstützung.

Eine Erhöhung und Erweiterung der Leistungen der Krankenkassen kann in folgendem Umfange durch Gemeindebeschluß oder Kassenstatut erfolgen: §. 21.

1. daß das Krankengeld vom ersten Tage der Erwerbsunfähigkeit und auch für die Sonn- und Festtage gezahlt wird;
2. daß auch nicht krankenversicherungspflichtige Angehörige freie Arznei und ärztliche Behandlung, sowie Brillen, Bruchbänder und ähnliche Heilmittel erhalten;
3. Verlängerung der Dauer der Krankenunterstützung bis zu 1 Jahr;
4. Erhöhung des Krankengeldes bis zu 75% und Gewährung von noch mehr Heilmitteln als unter 2 angegeben;
5. Gewährung von $^1/_8$ des durchschnittlichen Tagelohnes für solche, welche freie Kur und Verpflegung in einem Krankenhause erhalten und nicht Angehörige zu unterhalten haben;
6. Unterstützung von Rekonvaleszenten bis zu einem Jahre von Beendigung der Krankenunterstützung ab und Unterbringung in eine Rekonvaleszentenanstalt;

7. Ausdehnung der Wöchnerinnen-Unterstützung auf 6 Wochen;
8. Erhöhung des Sterbegeldes bis zum 40fachen Betrage des durchschnittlichen Tagelohnes;
9. Gewährung eines Sterbegeldes beim Tode der nicht versicherten Ehefrau oder eines Kindes eines Kassenmitgliedes.

Auf weitere Unterstützungen, namentlich auf Invaliden-, Wittwen- und Waisenunterstützungen dürfen die Leistungen der Kasse nicht ausgedehnt werden.

Die im Gesetz auf wenigstens 13 Wochen festgesetzte Dauer der Krankenunterstützung ist bei vielen Kassen auf weit längere Zeit ausgedehnt worden.

So haben durchschnittlich die Mitglieder der Ortskrankenkassen schon eine Unterstützung von 20 Wochen zu beanspruchen, bei den Betriebskrankenkassen stellt sich diese Zeit sogar auf 24, bei den Innungskrankenkassen auf 18, bei den eingeschriebenen Hülfskassen auf 35 und den landesrechtlichen Hülfskassen auf 31 Wochen.

Das Krankengeld übersteigt häufig den Minimalbetrag von 50% des Lohnes, viele Kassen zahlen Krankengeld auch für Sonn- und Festtage, haben die vorgeschriebenen Karenztage aufgehoben und gewähren sonstige Mehrleistungen an ihre Versicherten und deren Angehörige.

Die **Beiträge** sollen bei Gemeinde-Krankenversicherung 1½% des ortsüblichen Tagelohnes nicht übersteigen, bis auf 2% können sie mit Genehmigung der höheren Verwaltungsbehörde erhöht werden. Bei besonderen Leistungen, z. B. an Angehörige können Zusatzbeiträge erhoben werden.

Bei Zwangskassen können die Beiträge 2 % betragen und auf 3 % erhöht werden.

Bei der Gemeinde-Krankenversicherung und den Zwangskassen zahlt ²/₃ der Beiträge der Versicherte und ¹/₃ der Arbeitgeber.

Bei den freien Hülfskassen zahlt der Versicherte die Beiträge allein.

D. Anmeldung der Versicherungspflichtigen.

Die Arbeitgeber haben jede von ihnen beschäftigte §. 49.
Person, welche weder einer Betriebs- (Fabrik-), Bau-, u. 50.
Innungs-, Knappschafts- oder einer freien Hülfskasse angehören, bei der Ortskrankenkasse und, wenn eine solche nicht errichtet ist, bei der Gemeindebehörde spätestens am 3. Tage nach Beginn der Beschäftigung anzumelden und spätestens am 3. Tage nach Beendigung derselben, wieder abzumelden.

In der Anmeldung zur Ortskrankenkasse sind auch die behufs der Berechnung der Beiträge durch das Statut geforderten Angaben über die Lohnverhältnisse zu machen.

Aenderungen in diesen Verhältnissen sind spätestens am 3. Tage, nachdem sie eingetreten sind, anzumelden.

Wird die Anmeldung unterlassen, so hat der Arbeitgeber die Beiträge nachzuzahlen und für alle Aufwendungen, welche einer Gemeinde-Krankenversicherung oder einer Ortskrankenkasse erwachsen (Kranken- und Sterbegeld, Wöchnerinnenunterstützung) aufzukommen.

Dasselbe tritt ein, wenn die nach §. 49 vorgeschriebene Anzeige über Lohnveränderungen nicht erstattet wird.

Den auf den Arbeiter entfallenden Theil der Beiträge darf der Arbeitgeber bei jeder Lohnzahlung vom Lohn einbehalten.

Ist dies bei einer Lohnzahlung unterblieben, so dürfen die Beträge höchstens noch bei der zweiten Lohnzahlung erhoben werden.

E. Ein- und Austritt.

§ 4, 19, 68, 72, 78, 75. Der Versicherungspflichtige ist versichert mit dem Tage des Eintritts in die Beschäftigung, derjenige, der sich freiwillig versichert, bei der Anmeldung. Ersterer tritt aus der Versicherung aus, wenn er keine versicherungspflichtige Beschäftigung mehr hat oder wenn er in eine andere Zwangsversicherung übertritt.

Ist jemand freiwillig versichert, so scheidet er aus der Kasse aus, wenn die Beträge an zwei aufeinanderfolgenden Zahlungsterminen nicht bezahlt worden sind.

Der Austritt von Versicherungspflichtigen aus den Zwangskassen ist mit dem Schlusse des Rechnungsjahres zu gestatten, wenn sie denselben mindestens 3 Monate vorher bei dem Vorstande beantragen und nachweisen, daß sie einer „volleistenden" freien Hülfskasse angehören

Dasselbe ist der Fall bei dem Uebertritt von einer Ortskrankenkasse in eine Innungskrankenkasse, wenn der Uebertritt erst nach der Errichtung der Innungskrankenkasse erfolgt.

Erfolgt der Eintritt in die Innung bei der Bildung derselben, so erfolgt der Uebertritt in die Innungskrankenkasse sofort.

Erfolgt der Austritt wegen Erwerbslosigkeit, so behält der Ausscheidende den Anspruch auf die gesetzliche Krankenunterstützung noch für die Dauer von 3 Wochen.

Im Falle der Erwerbsunfähigkeit werden für die Dauer der Krankenunterstützung Beiträge nicht entrichtet. Die Mitgliedschaft dauert aber während des Bezuges von Krankenunterstützung fort.

Für den Uebertritt zwischen Zwangskassen und der Gemeinde-Krankenversicherung sind weder Eintrittsgelder noch Karenzzeit vorgesehen, wenn jedoch eine Kasse der andern gegenüber Mehrleistungen hat, so kann eine Karenzzeit bis zu 6 Monaten, bei Personen, welche sich freiwillig versichern wollen, eine solche von 6 Wochen durch Statut vorgeschrieben werden. §. 6a.

Kassenmitglieder können auch noch anderweitig sich gegen Krankheit versichern, das Krankengeld ist jedoch dann soweit zu kürzen, daß es den Betrag des durchschnittlichen Tagelohns nicht übersteigt. §. 26a.

Diese Kürzung kann durch Kassenstatut ganz oder theilweise ausgeschlossen werden.

Tritt ein Mitglied einer eingeschriebenen Hülfskasse an einem Orte in Beschäftigung, an welchem die Leistungen der Gemeinde-Krankenversicherung oder der Zwangskassen höher sind, so tritt der Versicherungspflichtige nach Ablauf von 2 Wochen zur Zwangsversicherung über. §. 75.

F. Streitigkeiten.

Streitigkeiten zwischen dem Arbeitgeber und den von ihm beschäftigten Personen über die Berechnung und Anrechnung der von diesen zu leistenden Beiträge und Eintrittsgelder, werden nach den Vorschriften des Gesetzes betreffend die Gewerbegerichte vom 29. Juli 1890,*) entschieden. §. 53a.

Streitigkeiten zwischen den versicherten Personen oder ihren Arbeitgebern einerseits und der Gemeinde-Kranken- §. 58, 65, 72, 78.

*) S. S. 91 u. f.

versicherung oder der Ortskrankenkasse andrerseits über das Versicherungsverhältniß oder über die Verpflichtung zur Leistung oder Einzahlung von Eintrittsgeldern und Beiträgen, über Unterstützungs-, Ersatz- und Erstattungsansprüche entscheidet die Aufsichtsbehörde.

Gegen diese Entscheidung kann binnen 4 Wochen Klage bei den Verwaltungsgerichten im Wege des Verwaltungsstreitverfahrens erhoben werden.

IV. Gewerbe-Unfallversicherungsgesetz in der Fassung vom 5. Juli 1900.

A. Allgemeines.

Nach dem Haftpflichtgesetz von 1871 erhielten die Arbeiter in Bergwerken, Steinbrüchen, Gräbereien (Gruben), und Fabriken bei einem erlittenen Unfall nur dann eine Entschädigung, wenn sie nachweisen konnten, daß der Betriebsunternehmer, sein Bevollmächtigter, Betriebsbeamter oder Aufseher den Unfall verschuldet hatte.

Dieser Nachweis war häufig schwer zu führen und die Wirkung des Gesetzes für den Arbeiter war oft ungenügend.

Durch das Unfallversicherungsgesetz vom 6. Juli 1884 wurde das erste Mal die Entschädigung aller Betriebsunfälle mit alleiniger Ausnahme derjenigen, welche der Arbeiter sich vorsätzlich zufügt, zur Durchführung gebracht.

Dieses Gesetz erfuhr eine Ausdehnung durch das „Gesetz über die Ausdehnung der Unfall- und Krankenversicherung vom 28. Mai 1885“, durch das „Gesetz betreffend die Unfall- und Krankenversicherung der in land- und forstwirthschaftlichen Betrieben beschäftigten

Personen vom 5. Mai 1886", durch das „Gesetz betreffend die Unfallversicherung der bei den Bauten beschäftigten Personen vom 11. Juli 1887" und durch das „Gesetz betreffend die Unfallversicherung der Seeleute und anderer bei der Seeschifffahrt beschäftigter Personen vom 13. Juli 1887".

Durch das „Gesetz betreffend Abänderung des Unfallversicherungsgesetzes in der Fassung vom 5. Juli 1900" sind nunmehr diese Unfallversicherungsgesetze durchgreifenden Aenderungen unterworfeu worden.

Der Kreis der versicherungspflichtigen Betriebe und Personen und die Zahl der Heilmittel ist durch Gewährung von Krücken, Stützapparaten u. s. w. erweitert worden.

Die Versicherungsgrenze ist von 2000 auf 3000 Mk. erhöht worden.

Die Vollrenten können [bis zu 100 %, die Theilrenten bis zu Vollrenten erhöht werden, die Sterbegelder und Renten für die Hinterblienenen sind erhöht worden u. A.

Die Schiedsgerichte für Unfall- und Invalidenversicherung sind als „Schiedsgerichte für Arbeiterversicherung" vereinigt und die Unfallfürsorge ist auch auf die Strafgefangenen ausgedehnt worden.

B. Geltungsbereich.

Alle Arbeiter männlichen und weiblichen Geschlechts §. 1—8. und jeden Alters und Betriebsbeamte, Werkmeister und Techniker, letztere, sofern ihr Jahresarbeitsverdienst an Lohn und Gehalt, als welches auch Naturalien, Tantiemen u. A. gelten, 3000 Mark nicht übersteigt, werden gegen die Folgen der Betriebsunfälle versichert, wenn sie beschäftigt sind

1. in Bergwerken, Salinen, Aufbereitungsanstalten, Steinbrüchen, Gräbereien (Gruben), auf Werften und Bauhöfen, sowie in Fabriken, gewerblichen Brauereien und Hüttenwerken;

Als Fabriken gelten alle Motorenbetriebe, auch die durch thierische Kraft bewegten, Betriebe, in welchen in der Regel mindestens 10 Arbeiter beschäftigt werden und Betriebe, in welchen Explosivstoffe oder explosive Gegenstände gewerbsmäßig erzeugt werden.

2. in Gewerbebetrieben, welche sich auf die Ausführung von Bauarbeiten oder von Steinhauer-, Schlosser-, Schmiede- und Brunnenarbeiten erstrecken, sowie im Schornsteinfeger-, Fensterputzer- und Fleischergewerbe;
3. im gesammten Betriebe der Post-, Telegraphen- und Eisenbahnverwaltungen, sowie in Betrieben der Marine- und Heeresverwaltungen, und zwar einschließlich der Bauten, welche von diesen Verwaltungen für eigene Rechnung ausgeführt werden;
4. im gewerbsmäßigen Fuhrwerks-, Binnenschifffahrts-, Flößerei, Prahm- und Fährbetriebe, im Gewerbebetriebe des Schiffziehens (Treidelei), sowie im Baggereibetriebe;
5. im gewerbsmäßigen Speditions-, Speicher- Lagerei- und Kellereibetriebe;
6. im Gewerbebetriebe der Güterpacker, Güterlader, Schaffer, Bracker, Wäger, Messer, Schauer und Stauer;
7. im Lagerungs-, Holzfällungs- oder der Beförderung von Personen oder Gütern

dienenden Betrieben, wenn sie mit einem Handelsgewerbe, dessen Inhaber im Handelsregister eingetragen steht, verbunden sind.

Außer den oben bezeichneten Personen unterliegen der Unfallversicherung die land- und forstwirthschaftlichen Arbeiter nach Maßgabe des landwirthschaftlichen Unfallversicherungsgesetzes in der Fassung vom 5. Juli 1900, und im Allgemeinen auch die Arbeiter und Betriebsbeamten in landwirthschaftlichen Nebenbetrieben.

Die Versicherung erstreckt sich auch auf häusliche und andere Dienste, wenn diese neben den Arbeiten im Gewerbebetriebe von dem Arbeitgeber oder dessen Beauftragten verlangt werden.

Es ist also z. B. der Arbeiter, welcher bei einem Botengange in einer Privatangelegenheit des Arbeitgebers verunglückt, zu entschädigen.

Durch Statut der Berufsgenossenschaften kann die Versicherungspflicht ausgedehnt werden § 5.

1. auf Betriebsunternehmer, welche nicht mehr als 3000 Mark im Jahre verdienen oder nicht regelmäßig mehr als 2 Lohnarbeiter beschäftigen;
2. auf Hausgewerbetreibende;
3. auf Betriebsbeamte mit mehr als 3000 Mark Jahresarbeitsverdienst.

Die unter 1. genannten Unternehmer können sich auch selbst versichern, durch Statut kann es ihnen gestattet werden, auch wenn sie mehr verdienen.

Als Jahresarbeitsverdienst gilt das 300fache des täglichen Durchschnittsverdienstes, bei jugendlichen Arbeitern das 300fache ortsübliche Tagelohn.

Es kann ferner durch Statut der Berufsgenossenschaft bestimmt werden

1. daß diejenigen im Betriebe beschäftigten Personen, welche nicht nach §. 1 und 2 des Gesetzes versichert sind, durch den Betriebsunternehmer versichert werden;
2. daß auch diejenigen Personen, welche die Betriebsstätte besuchen, oder dort verkehren, durch den Betriebsunternehmer oder den Vorstand der Berufsgenossenschaft versichert werden, z. B. Frauen, welche das Mittagessen bringen, Boten u. A.;
3. daß auch Organe und Beamte der Berufs-Genossenschaft versichert werden.

C. Träger der Versicherung.

§. 28 bis 62. Die Versicherung erfolgt durch Berufsgenossenschaften, d. h. Gegenseitigkeitsgesellschaften der Unternehmer versicherungspflichtiger Betriebe:

Diese Berufsgenossenschaften haben Unfall-Verhütungsvorschriften zu erlassen und können gegen Unternehmer, welche denselben zuwiderhandeln, mit **Geldstrafen bis zu 1000 Mark** und mit Beitragserhöhungen durch Erhöhung der Gefahrenklasse vorgehen, Arbeiter mit Geldstrafen bis zu 6 Mark bedrohen und die Betriebe durch „Beauftragte" überwachen lassen.

Die Berufsgenossenschaften sind für bestimmte Bezirke zu bilden, die jedoch häufig das ganze Reich umfassen.

Innerhalb derselben gehören zu ihnen alle Betriebe derjenigen Gewerbszweige, für die sie errichtet sind.

Die Berufsgenossenschaften unterstehen dem Reichsversicherungsamt in Berlin.

Dasselbe besteht aus ständigen und nicht ständigen Mitgliedern.

Die ständigen werden ernannt, die nicht ständigen werden gewählt und zwar 6 vom Bundesrath, 6 von den Vorständen der Berufsgenossenschaften und 6 aus den Arbeiter-Beisitzern der Schiedsgerichte.

Die Mittel zur Deckung der Kosten werden durch §. 29
Beiträge aufgebracht, welche auf die Mitglieder nach u. 30.
Maßgabe der in ihren Betrieben „verdienten" Gehälter und Löhne und des Gefahrentarifs jährlich umgelegt werden.

Für diese Berechnung sind im Allgemeinen nicht die in dem Betriebe wirklich ausgezahlten Löhne maßgebend.

Bei Personen z. B., welche weniger als das 300-fache ortsübliche Tagelohn verdienen, kommt dieses zur Anrechnung.

Bei Personen, welche jährlich mehr als 1500 Mark verdient haben, kommt der überschießende Betrag nur zu einem Drittel in Anrechnung.

Durch Statut kann jedoch bestimmt werden, daß für die Umlegung die wirklich gezahlten Löhne in Ansatz kommen. Dadurch wird eine Vereinfachung der Lohnnachweisungen vorgenommen und die Betriebe mit höheren Löhnen werden etwas mehr belastet, die mit niedrigen Löhnen entlastet werden (vgl. §. 10 S. 115).

Die Berufsgenossenschaften haben einen Reservefonds §. 34.
anzusammeln, zu welchem sie Zuschläge erheben können. Dadurch soll ein Kapital angesammelt werden, welches genügend Sicherheit für alle Verbindlichkeiten der Berufsgenossenschaften bieten soll. Die Beiträge der Mitglieder werden dadurch höhere werden.

D. Pflichten des Unternehmers.

§. 56. Derselbe ist verpflichtet, binnen einer Woche nach Eröffnung den Betrieb anzumelden.

Die Meldung ist in 2 Ausfertigungen bei der unteren Verwaltungsbehörde*), in deren Bezirk der Betrieb gelegen ist, einzureichen.

Aus derselben muß Gegenstand und Art des Betriebes, die Zahl der versicherten Personen und der Tag der Eröffnung hervorgehen.

Außerdem ist anzugeben, welcher Berufsgenossenschaft der Meldende anzugehören glaubt.

Die untere Verwaltungsbehörde kann Säumige durch Geldstrafen bis zu 100 Mark zur Auskunft anhalten.

§ 85. Für diejenigen Betriebe, welche erst durch das Gesetz vom 30. Juni 1900 unfallversicherungspflichtig geworden sind, ist daher die Beachtung dieser Bestimmungen besonders nothwendig.

In dem Betriebe hat der Unternehmer durch einen Aushang bekannt zu machen, welcher Berufsgenossenschaft er angehört.

Die Behörde überweist ein Exemplar der Meldung binnen einer Woche der zuständigen Berufsgenossenschaft, die den Gemeldeten in das Genossenschaftskataster einträgt und ihm einen Mitgliedsschein zustellt.

Jedes Mitglied der Berufsgenossenschaft hat binnen 6 Wochen nach Ablauf des Rechnungsjahres dem Genossenschaftsvorstande eine Nachweisung einzureichen, welche Folgendes enthalten muß:

1. die während des abgelaufenen Rechnungsjahres

---

*) S. S. 86.

im Betriebe beschäftigten Personen und die von denselben verdienten Löhne und Gehälter.

2. Eine Berechnung der bei der Umlegung der Beiträge in Anrechnung zu bringenden Beträge der Löhne und Gehälter.

3. Die Gefahrenklasse, in welche der Betrieb eingeschätzt worden ist.

Durch Statut kann vorgeschrieben werden, daß die §. 99.
Lohnnachweisungen viertel- oder halbjährlich eingereicht und fortlaufend Lohnbücher geführt werden, aus welchen diese Nachweisungen entnommen werden können.

E. Leistungen der Unfall-Versicherung.

Es wird nicht jeder Unfall, sondern nur jeder beim Betriebe sich ereignende entschädigt.

Eigene Schuld des Verletzten schließt die Entschädigung §. 8.
auch bei grober Fahrlässigkeit nicht aus, wohl aber vorsätzliche Herbeiführung des Unfalls.

Der Anspruch kann abgelehnt werden, wenn der Unfall bei einem Verbrechen oder Vergehen geschehen ist.

Bei einem Vergehen kann die Rente ganz oder zum Theil den Angehörigen überwiesen werden.

Während der ersten 4 Wochen leistet die Krankenkasse allein die zu gewährende Fürsorge.

Nach Beginn der 5. bis Ende der 13. Woche tritt §. 12.
die Krankenkasse ebenfalls ein. Wenn jedoch ihre Leistung geringer ist, als 66²/₃%, so hat die Krankenkasse für diese Zeit das Krankengeld auf 66²/₃% zu erhöhen und zwar auf Kosten des Unternehmers.

Wenn unfallversicherte Arbeiter und Betriebsbeamte, letztere bei einem Jahresarbeitsverdienst bis zu

2000 Mark, nach den Bestimmungen des Krankenversicherungsgesetzes nicht versichert sind, so hat der Betriebsunternehmer für die ersten 13 Wochen die Unterstützung einschließlich der Erhöhung des Krankengeldes auf $66^{2}/_{3}$% aus eigenen Mitteln zu gewähren.

Diese Leistungen kann die Berufsgenossenschaft gegen Ersatzleistung übernehmen.

Nach Beginn der 14. Woche tritt die Berufsgenossenschaft ein.

§. 13. Diese kann jedoch, wenn der Verletzte schon vor Ablauf der 13. Woche kein Krankengeld mehr erhält, weil er seiner Arbeit wieder nachzugehen vermag, obwohl er in seiner Leistungsfähigkeit beeinträchtigt ist, eine Rente schon vor Beginn der 14. Woche gewähren.

§. 11. Diese Berufsgenossenschaft kann die Fürsorge bis zum Ende des Heilverfahrens gegen entsprechende Erstattung der Kosten der Krankenkasse übertragen. Andernfalls kann sie auch schon vor Beginn der Krankheit an das Heilverfahren übernehmen.

Die Ansprüche des Verletzten gehen dann von der Krankenkasse auf die Berufsgenossenschaft über.

§. 9. Die Berufsgenossenschaft gewährt vom Beginn der 14. Woche ab:

1. freie ärztliche Behandlung, Arznei und sonstige Heilmittel, sowie die zur Sicherung des Erfolges des Heilverfahrens und zur Erleichterung der Folgen der Verletzung erforderlichen Hülfsmittel (Krücken, Stützapparate und dergl.);
2. eine Rente für die Dauer der Erwerbsunfähigkeit.

Die Rente beträgt bei völliger Erwerbsunfähigkeit $66^{2}/_{3}$% des Jahresarbeitsverdienstes, bei theilweiser Erwerbsunfähigkeit einen Theil dieser Vollrente.

Ist der Verletzte derart hilflos geworden, daß er ohne fremde Wartung und Pflege nicht bestehen kann, so kann die Rente auf 100% erhöht werden.

War er zur Zeit des Unfalls bereits dauernd erwerbsunfähig, so erhält er nur die unter 1 bezeichneten Leistungen.

Ist der Verletzte aus Anlaß des Unfalls unverschuldet arbeitslos, so kann die Theilrente bis auf $66\frac{2}{3}\%$ erhöht werden.

Ist der Jahresarbeitsverdienst des Verletzten geringer als das 300fache des ortsüblichen Tagelohns gewöhnlicher erwachsener Tagearbeiter, so wird trotzdem mindestens dieser zur Berechnung gezogen.

Beträgt der Jahresarbeitsverdienst mehr wie 1500 Mark, so wird der überschießende Betrag nur zu $\frac{1}{3}$ gerechnet.

Durch diese Art der Berechnung kann die Rente §. 10.
nicht unerheblich höher werden, denn früher wurde schon der 1200 Mark überschießende Betrag nur zu $\frac{1}{3}$ in Anrechnung gebracht.

Im Falle der Tötung wird als Sterbegeld der 15. Theil §. 15
des Jahresarbeitsverdienstes, mindestens aber ein bis 21
Betrag von 50 Mark gezahlt, außerdem der Wittwe bis zum Tode oder bis zur Wiederverheirathung eine Rente von 20% und für jedes Kind unter 15 Jahren 20%. Für Wittwe oder Kinder zusammen aber höchstens 60%.

War eine weibliche Person die Ernährerin, so erhalten die Kinder bei ihrem Tode ebenfalls die Rente, ebenso erhält der Wittwer 20%, wenn er erwerbsunfähig war.

Hat der Ehemann die Frau ohne gesetzlichen Grund verlassen, so kann bei ihrer Tötung die Berufsgenossenschaft den Kindern die Rente gewähren.

Eltern und Großeltern des einzigen Ernährers erhalten 20%. Elternlose Enkel können ebenfalls 20% erhalten.

Bei der Wiederverheirathung der Wittwe wird diese mit 60% des Jahresarbeitsverdienstes abgefunden.

§. 22. An Stelle obiger Leistungen kann bis zum Ende des Heilverfahrens Kur und Verpflegung in einer Heilanstalt gewährt werden.

Dies ist jedoch für Verheirathete und Personen mit eigener Haushaltung oder welche Mitglieder der Haushaltung ihrer Familie sind, nur mit Zustimmung der Familie zulässig, falls nicht der Zustand des Verletzten diesen Aufenthalt unbedingt erfordert.

Die Angehörigen erhalten für diese Zeit dieselbe Rente wie beim Todesfall.

§. 24. Ebenso kann an Stelle der Rente, Aufnahme in ein Invalidenhaus oder eine ähnliche Anstalt gewährt werden.

§. 136. Wird durch gerichtliches Urtheil ein Verschulden des Unternehmers oder seines Vertreters an dem Unfall festgestellt, so haftet er für alle Anforderungen, welche in Folge des Unfalls von Gemeinden, Krankenkassen und sonstigen Unterstützungskassen gemacht worden sind.

Der Berufsgenossenschaft haftet er in diesem Falle für deren Aufwendungen auch ohne Feststellung durch strafgerichtliches Urtheil.

F. Verfahren bei Eintritt von Betriebsunfällen.

§. 63 bis 67. Von jedem Betriebsunfall, der eine mehr als 3tägige Arbeitsunfähigkeit oder den Tod zur Folge hat, ist der Ortspolizeibehörde und der Berufsgenossenschaft von dem Unternehmer binnen 3 Tagen schriftlich Anzeige zu machen.

Ueber jeden Unfall, der voraussichtlich den Tod zur Folge haben wird, oder eine Körperverletzung zur Folge gehabt hat, die einen Entschädigungsanspruch bedingen wird, hat die Ortspolizeibehörde eine Untersuchung zu führen, an der die Betheiligten theilnehmen und von dessen Protokoll sie Abschrift erbitten dürfen.

Die Beschlußfassung über die Entschädigung erfolgt §. 69
durch die Sektion oder den Vorstand der Berufsge- u. f.
nossenschaft.

Soll die Entschädigung abgelehnt werden, so macht dieser dem Verletzten eine Mittheilung, auf welche er sich binnen 2 Wochen äußern kann.

Wird der Anspruch nunmehr anerkannt, so hat die Feststellung der Entschädigung sofort zu erfolgen, wird er abgelehnt, so erhält der Verletzte einen schriftlichen Bescheid.

Gegen diesen ist innerhalb eines Monats Berufung §. 76
bei dem „Schiedsgericht für Arbeiterversicherung“ zulässig.

Dieses entscheidet nicht nur über Streitigkeiten aus der Unfall- sondern auch aus der Invalidenversicherung und besteht aus einem Vorsitzenden, welcher Beamter sein muß, und je 2 auf 5 Jahre von Arbeitgebern und Arbeitern gewählten Beisitzern.

Das Amt als Beisitzer ist ein Ehrenamt.

Der Beisitzer erhält Ersatz für baare Auslagen, als Vertreter der Versicherten außerdem einen Betrag für Verlust an Zeit und Arbeitsverdienst.

Die Vertreter der Versicherten haben von ihrer Einberufung ihrem Arbeitgeber Mittheilung zu machen.

Diese sind nicht berechtigt, wegen der Nichtleistung der Arbeit während der Einberufung das Arbeitsverhältniß vor der vertragsmäßigen Dauer desselben aufzuheben.

Die Kosten des Verfahrens trägt die Versicherungsanstalt.

Unfall-Schiedsgerichte bei den einzelnen Berufsgenossenschaften giebt es nicht mehr.

§. 80 u. f. Gegen die Entscheidung des Schiedsgerichts kann binnen eines Monats Rekurs bei dem Reichsversicherungsamt eingelegt werden.

Dasselbe hat nach mündlicher Verhandlung zu entscheiden.

Zulässig ist der Rekurs an das Reichs-Versicherungsamt nur, wenn es sich um Renten bei einem Todesfall oder bei dauernder Erwerbsunfähigkeit handelt.

Wenn nach Ansicht der Berufsgenossenschaft eine Besserung des Zustandes eines Unfallrentners eintritt, so kann dieselbe die Rente herabsetzen.

Hierzu ist sie jedoch nur innerhalb der ersten 2 Jahre nach Feststellung der Rente ohne weiteres befugt.

Innerhalb der nächsten 3 Jahre darf sie es immer nur nach Ablauf eines Jahres.

Nach 5 Jahren muß sie die Entscheidung des Schiedsgerichts herbeiführen.

Dieselben Bestimmungen gelten, wenn eine Verschlechterung des Zustandes des Unfallrentners eintritt bezüglich einer zu beantragenden Erhöhung der Rente.

Durch ausdrückliches Einverständniß der Berufsgenossenschaft und des Empfangsberechtigten können diese Bestimmungen gemildert oder aufgehoben werden.

Ein Anspruch auf Gewährung einer Entschädigung §. 92.
für die Hinterbliebenen ist vor Ablauf von 2 Jahren nach dem Tode des Verletzten bei dem Vorstand oder der unteren Verwaltungsbehörde anzumelden.

Die Kosten des Heilverfahrens und die Sterbegelder §. 93.
werden binnen einer Woche nach ihrer Feststellung Renten in monatlichen und, wenn dieselben für das Jahr 60 Mark oder weniger betragen, in vierteljährlichen Beträgen im Voraus gezahlt.

Das Recht auf Rente ruht bei Freiheitsstrafen von §. 94.
länger als einmonatlicher Dauer oder Unterbringung in ein Arbeitshaus.

Bei einer geringeren Rente von 15 und weniger §. 95.
Prozent kann die Berufsgenossenschaft dem Verletzten an Stelle der Rente eine einmalige Kapitalzahlung geben, durch deren Annahme jedoch alle weiteren Ansprüche, auch bei Verschlechterung des Zustandes des Verletzten, erlöschen.

Renten sind im Allgemeinen nicht pfändbar und nur §. 96.
in Ausnahmefällen übertragbar.

Nach Feststellung der Entschädigung ertheilt der §. 97.
Berufsgenossenschaftsvorstand eine Bescheinigung über die Rentenbezüge unter Angabe der Postanstalt, welche mit der Zahlung beauftragt ist und der Termine, in welchen gezahlt wird.

Bei einem Wohnungswechsel kann die Ueberweisung der Rente nach dem neuen Wohnsitz bei der Postanstalt beantragt werden.

V. Invalidenversicherungsgesetz vom 19. Juli 1899.

Durch dieses Gesetz hat die Regelung der staatlichen Versicherung der minder bemittelten Bevölkerungsklassen im deutschen Reiche seinen vorläufigen Abschluß gefunden.

Die Aenderungen, welche das Invalidenversicherungsgesetz vom 19. Juli 1899 gegenüber dem Invaliditäts- und Alters-Versicherungsgesetz vom 22. Juni 1889 aufweist, sind nicht groß, aber für die Versicherten von Bedeutung.

Die Versicherungspflicht z. B. ist auf Lehrer und Erzieher und Hülfspersonen im Haushalt ausgedehnt, bezüglich der Schiffsführer mit über 2000 Mk. Gehalt eingeschränkt worden.

Die Wartezeit für Invalidenrente ist von 250 auf 200, für Altersrente von 1500 auf 1200 Beitragswochen herabgesetzt worden.

Der nicht dauernd Erwerbsunfähige kann jetzt schon nach 26 Wochen Rente erhalten, während dies früher erst nach 1 Jahr der Fall war.

Zur Erleichterung des Geschäftsverkehrs sind Rentenstellen eingerichtet worden.

Die Lohnklassen sind um eine vermehrt worden, wodurch die höher gelöhnten Erwerbsklassen höhere Renten als bisher erhalten können.

Die Zusatzmarken bei freiwilliger Versicherung sind weggefallen u. s. w.

A. Geltungsbereich.

1. Versicherungspflicht.

Versicherungspflichtig sind vom vollendeten 16. Lebensjahr ab: §. 1.

a) Personen, welche als Arbeiter, Gehülfen, Gesellen, Lehrlinge oder Dienstboten gegen Lohn oder Gehalt beschäftigt werden, auch wenn sie mehr als 2000 Mk. verdienen.

Auch Ausländer, welche im Inlande beschäftigt werden, sind versicherungspflichtig.

b) Betriebsbeamte, Werkmeister und Techniker Handlungsgehülfen und Lehrlinge, Hülfspersonen eines Arbeitgebers im Haushalt, Beamte in Diensten von Kommunalverbänden, ohne Pensionsanwartschaft, Lehrer und Erzieher welche jährlich an Lohn oder Gehalt nicht mehr als 2000 Mk. beziehen.

Letztere sind nicht versicherungspflichtig, wenn sie an öffentlichen Schulen oder Anstalten angestellt sind oder Anwartschaft auf Bestallung haben.

c) Die gegen Lohn oder Gehalt beschäftigten Personen der Schiffsbesatzung deutscher Seefahrzeuge oder von Fahrzeugen deutscher Binnenschiffahrt, und deren Schiffsführer, diese jedoch nur, wenn ihr regelmäßiger Jahresarbeitsverdienst 2000 Mk. nicht übersteigt.

Als Gehalt oder Lohn gelten auch Naturalien und Tantiemen, wird jedoch nur freier Unterhalt gewährt, so besteht eine Versicherungspflicht nicht. § 8.

2. Nichtversicherungspflichtig sind:

§. 5. a) invalide Personen,

b) pensionsberechtigte Beamte, Lehrer u. s. w.,

c) solche Personen, welche eine vorübergehende Dienstleistung verrichten,

d) Personen des Soldatenstandes, welche vorübergehend z. B. Erntearbeiten ausführen.

3. Befreiung von der Versicherungspflicht.

§. 6. Auf ihren Antrag können von der Versicherungspflicht befreit werden:

a) Personen, welchen Pensionen oder Wartegelder im Mindestbetrage der Invalidenrente der ersten Lohnklasse bewilligt sind.

b) Personen, welchen eine Unfallrente in demselben Betrage zusteht;

c) Altersrentner;

d) Personen, welche im Jahre nicht mehr als 12 Wochen oder 50 Tage Lohnarbeit übernehmen.

Der Antrag ist bei der unteren Verwaltungsbehörde*) anzubringen.

4. Die Versicherungspflicht kann durch den Bundesrath ausgedehnt werden:

§. 2. a) auf Gewerbetreibende und Betriebsunternehmer, welche nicht regelmäßig wenigstens einen Lohnarbeiter beschäftigen;

b) auf Hausgewerbetreibende. Letzteres ist geschehen für die Tabakindustrie und für die Textilindustrie.

---

*) S. S. 36.

5. Freiwillige Versicherung.

Freiwillig versichern können sich, solange §. 14.
sie das 40. Lebensjahr noch nicht vollendet haben:

a) die oben unter §. 1 bei b genannten Versicherungspflichtigen, wenn ihr Jahresarbeitsverdienst mehr als 2000 Mk., aber nicht über 3000 Mk. beträgt;
b) Gewerbetreibende und sonstige Betriebsunternehmer, welche nicht regelmäßig mehr als 2 versicherungspflichtige Lohnarbeiter beschäftigen, sowie Hausgewerbetreibende, soweit sie noch nicht versichert sind;
c) Personen, welche als Entgelt nur freien Unterhalt beziehen oder nur vorübergehende Dienstleistungen verrichten (vgl. §. 3 und §. 5 c.)

6. Weiterversicherung.

Weiterversichern kann sich jede Person, welche versicherungspflichtig oder zur freiwilligen Versicherung berechtigt ist, wenn sie aus irgend einem Grunde aufgehört hat, versicherungspflichtig oder berechtigt zu sein, und zwar kann dies in jeder Lohnklasse und auch noch nach dem 40. Lebensjahre geschehen.

Jeder Versicherungspflichtige kann sich auch in einer höheren Lohnklasse versichern. Die höhern Beitragskosten hat er selbst zu tragen.

Die Ansprüche aus der Versicherung erlöschen für §. 46.
die Versicherungspflichtigen und die weiter Versicherten, wenn in 2 Jahren nach dem auf der Quittungskarte angegebenen Ausstellungstage für weniger als 20 Beitragswochen, für die freiwillig Versicherten,

wenn in derselben Zeit für weniger als 40 Beitragswochen Beiträge entrichtet worden sind.

B. Träger der Versicherung.

§. 56. Die Durchführung der Invalidenversicherung erfolgt unter Mitwirkung der Landesverwaltungs- und der Postbehörde durch Versicherungsanstalten und ihre Organe, durch Schiedsgerichte (vergl. S. 117) sowie durch das Reichs-Versicherungsamt und Landes-Versicherungsämter.

Die Versicherungsanstalten werden meist für den Umfang einer Provinz errichtet und staatlich überwacht.

Die Verwaltung unterliegt einem Vorstande, der aus Beamten und gewählten Vertretern der Arbeitgeber und der Versicherten besteht.

Diesem Vorstande steht ein Ausschuß zur Seite, der aus mindestens 5 Arbeitgebern und 5 Versicherten besteht, welche von den Beisitzern der unteren Verwaltungsbehörde oder der Rentenstellen gewählt werden.

§. 79. Die Rentenstellen sollen zur Entlastung der unteren Verwaltungsbehörde und zur Vereinfachung des Verfahrens dienen.

Dieselben nehmen die Anträge auf Bewilligung von Renten entgegen.

Ueber Gewährung, Versagung und Entziehung der Renten entscheidet der Vorstand der Anstalt.

Jedoch können diese Befugnisse auch der Rentenstelle übertragen werden. Gegen die Entscheidung steht innerhalb eines Monats Berufung an das „Schiedsgericht für Arbeiterversicherung“ offen. In oberster Instanz entscheidet das Reichs-Versicherungsamt oder die Landes-Versicherungsämter.

Sowohl bei der Rentenstelle wie beim Schiedsgericht, §. 108.
beim Reichs-Versicherungsamt und den Landes-Versichreungsämtern sind ebenfalls Arbeitgeber und Versicherte in gleicher Weise zur Mitwirkung berufen.

C. Lohnklassen und Beiträge.

Die Aufbringung der Mittel erfolgt, indem das §. 80.
Reich zu jeder Rente 50 Mk. Zuschuß leistet, im übrigen durch Beiträge der Arbeitgeber und der Versicherten zu gleichen Theilen nach verschiedenen Lohnklassen.

Den Arbeitgebern liegt hier keine Meldepflicht ob, wie bei der Unfall- und Krankenversicherung, sondern nur die Pflicht zur Leistung von Beiträgen durch Einkleben von Marken in eine Quittungskarte.

Die Beiträge sind nach 5 Lohnklassen abgestuft: §. 82 u. 84.

1.	Klasse		bis	350	Mk.
2.	„	von 350	„	550	„
3.	„	„ 550	„	850	„
4.	„	„ 850	„	1150	„
5.	„	über	„	1150	„

Bei	Lohnklasse	1	sind	14	Pfg.
„	„	2	„	20	„
„	„	3	„	24	„
„	„	4	„	30	„
„	„	5	„	36	„

für jede Woche bei jeder Lohnzahlung Marken zu §. 141.
kleben.

Es werden auch Marken für 2 und 13 Wochen ausgegeben.

§. 84. Für die Einreihung in diese Klassen entscheidet aber meist nicht der wirkliche Arbeitsverdienst, sondern der für die Krankenversicherung festgesetzte Arbeitsverdienst.

Für Mitglieder der Zwangskassen mit Ausnahme der Knappschaftskassen gilt der 300fache Betrag des für ihre Beiträge maßgebenden durchschnittlichen Tagelohns oder wirklichen Arbeitsverdienstes.

Für land- und forstwirthschaftliche Arbeiter und für Seeleute wird ein Jahresarbeitsverdienst, dessen Höhe von der Behörde festgesetzt wird, in Anrechnung gebracht.

Für Mitglieder der Knappschaftskassen gilt der 300fache Betrag des von dem Vorstande festgesetzten durchschnittlichen täglichen Arbeitsverdienstes.

Für alle übrigen Personen gilt der 300fache Betrag des ortsüblichen Tagelohns, also z. B. auch für freie Hülfskassen.

Dieser Betrag wird meistens geringer sein, als der oben für Zwangskassen u. A. angegebene Durchschnittsbetrag.

Es ist daher, um für die Einschätzung in die Lohnklassen möglichst den wirklichen Verdienst in Anrechnung zu bringen, bestimmt worden, daß, falls im Voraus für Wochen, Monate, Vierteljahre oder Jahre eine feste baare Vergütung vereinbart und diese höher ist, als der obige Durchschnittsbetrag, dann der Betrag dieser Vergütung zu Grunde gelegt wird.

Bei freiwilliger oder Weiterversicherung steht die Wahl der Lohnklasse frei.

Die Ausstellung der Quittungskarten erfolgt in Preußen durch die Ortspolizeibehörde, die Kosten der Karte trägt die Versicherungsanstalt.

Der Arbeitgeber kann die Hälfte der Versicherungs- §. 142.
beiträge vom Lohn abziehen.

Die Entwerthung der Marken darf nur durch Eintragung des Entwerthungstages erfolgen, andere als die im Gesetz vorgeschriebenen Eintragungen dürfen in der Karte nicht gemacht werden.

Die Zwei- und Dreizehnwochenmarken müssen entwerthet werden.

Die Quittungskarte verliert ihre Gültigkeit, wenn sie nicht innerhalb zweier Jahre nach dem auf der Karte verzeichneten Ausstellungstage zum Umtausch eingereicht ist.

Der Umtausch vollgeklebter Karten erfolgt wiederum durch die Polizeibehörde, dieselbe rechnet bei Umtauch die Karte auf und ertheilt über den Inhalt eine Bescheinigung.

Die abgegebenen Karten werden der Versicherungsanstalt übersandt, deren Namen sie tragen.

D. Leistungen der Invaliden-Versicherung.

Invalidenrente erhält derjenige, dessen Erwerbs- §. 5
fähigkeit in Folge von Alter, Krankheit oder anderen Ge- u. 41.
brechen dauernd auf weniger als $^1/_3$ herabgesetzt ist.

Altersrente derjenige, welcher das 70. Lebensjahr vollendet hat.

Invalidenrente erhält auch derjenige nicht dauernd erwerbsunfähige Versicherte, welcher während 26 Wochen ununterbrochen erwerbsunfähig gewesen ist, für die künftige Dauer seiner Erwerbsunfähigkeit.

Zum Bezuge einer Rente ist jedoch nach Maßgabe §. 29.
der geleisteten Beiträge nur berechtigt, wer die vorgeschriebene Wartezeit zurückgelegt hat.

Dieselbe beträgt:

a) bei der Invalidenrente, wenn mindestens 100 Beiträge auf Grund der Versicherungspflicht geleistet worden sind, 200 Beitragswochen, andernfalls 500 Beitragswochen;

b) bei der Altersrente 1200 Beitragswochen.

§. 30. Ueber eine Woche lange Krankheit, sowie die Zeit, während welcher jemand beim Militär dient, gelten als Beitragswochen.

Es ist daher nothwendig, sich darüber Bescheinigungen geben zu lassen.

Auch die an eine Krankheit sich anschließende Genesungszeit gilt als Krankheit, ebenso die Zeit bis zu 6 Wochen, während welcher durch ein Wochenbett Erwerbsunfähigkeit verursacht wird.

§. 48. Wer eine Unfallrente oder Pension bezieht, erhält nur so lange und so viel an Invalidenrente, daß der Gesammtbetrag den 7½fachen Grundbetrag (S. 131) der Invalidenrente nicht übersteigt.

Es kann also jemand Unfall- und Invalidenrente zusammen beziehen bis zum Betrage von

450	Mark	in der	I.	Lohnklasse
525	„	„ „	II.	„
600	„	„ „	III.	„
675	„	„ „	IV.	„
750	„	„ „	V.	„

Der Unfallrentner kann, wenn er den Mindestbetrag der Invalidenrente = 111,20 Mark bezieht, Befreiung von der Invalidenversicherung beantragen.

Es wird jedoch nach Obigem richtiger sein, wenn er diesen Antrag nicht stellt.

Wenn jemand durch einen Unfall dauernd invalide

wird und die ihm beim Eintritt des Unfalls zustehende §. 48.
Invalidenrente höher ist, so zahlt die Invalidenversicherung diesen Ueberschuß. Hat jedoch in Folge des Unfalls die Invalidenversicherung nichts zu zahlen, so kann der Verletzte die von ihm gezahlten Beiträge zurückverlangen.

Der Anspruch muß vor Ablauf von 2 Jahren bei der unteren Verwaltungsbehörde*) oder der Rentenstelle geltend gemacht werden.

Wer Invalidenrente bezieht, erhält keine Altersrente.

Weiblichen Personen, welche sich verheirathen,
kann die Hälfte der Beiträge, wenn sie mindestens auf §. 42.
200 Wochen entrichtet sind, auf ihren Antrag zurückerstattet werden.

Der Antrag muß vor Ablauf eines Jahres nach dem Tage der Verheirathung geltend gemacht werden.

Stirbt ein Versicherter vor Erlangung einer Rente
und ohne Hinterlassung einer Unfallrente, so wird der §. 44.
Wittwe und, wenn eine solche nicht vorhanden ist, den Waisen unter 15 Jahren ebenfalls die Hälfte der Beiträge zurückerstattet.

Stirbt eine weibliche versicherungspflichtige Person vor Erlangung einer Rente, so steht den vaterlosen Kindern unter 15 Jahren die Erstattung der Hälfte der Beiträge zu. Bei Erwerbsunfähigkeit des Mannes steht dasselbe Recht dem Wittwer zu.

Ein gleicher Anspruch steht den noch nicht 15 Jahre alten Kindern einer verstorbenen weiblichen Person zu, wenn der Ehemann sich der Pflicht der Unterhaltung der Kinder entzogen hat.

---

*) S. S. 86.

War die Frau die Ernährerin ihres erwerbsunfähigen Mannes, so steht derselbe Anspruch dem Wittwer zu.

Bei allen diesen Fällen gilt der Anspruch nur, wenn für mindestens 200 Wochen Beiträge gezahlt sind. Der Anspruch ist vor Ablauf eines Jahres zu stellen.

§. 112. Der Anspruch auf Rente ist bei der unteren Verwaltungsbehörde*) oder der Rentenstelle einzureichen.

Die Quittungskarte, sowie die zur Begründung der Ansprüche dienenden Beweisstücke sind beizufügen.

Der Antrag wird, wenn ihm zugestimmt werden kann, der Versicherungsanstalt übersandt.

Ist jedoch der Anspruch zweifelhaft, so wird erst in einer Sitzung, zu welcher der Rentenbewerber zuzuziehen ist, über den Anspruch berathen. Erkennt die Versicherungsanstalt den Anspruch an, so stellt sie die Höhe der Rente fest und ertheilt dem Bewerber einen schriftlichen Bescheid; auch bei Ablehnung des Anspruches wird ein Bescheid gegeben.

§. 114. Ist der Antragsteller mit dem Bescheide nicht zufrieden, so kann er innerhalb eines Monats Berufung auf Entscheidung des Schiedsgerichts einlegen.

§. 116. Gegen die Entscheidung des Schiedsgerichts kann Revision beim Reichs-Versicherungsamt binnen eines Monats eingelegt werden.

§. 120. Ist ein Antrag auf Invalidenrente endgültig abgelehnt worden, so darf er innerhalb eines Jahres nicht wiederholt werden.

Es darf dies jedoch dann geschehen, wenn innerhalb dieses Jahres neue Umstände eingetreten sind, welche den Betreffenden dauernd erwerbsunfähig gemacht haben.

§. 47 u. 18. Tritt eine Besserung in dem Befinden des Invaliden-

---

*) S. S. 86.

rentners ein, welche ihn nicht mehr als erwerbsunfähig erscheinen läßt, so kann die Rente wieder entzogen werden.

Ist die Annahme vorhanden, daß die Erwerbsfähigkeit durch ein Heilverfahren wieder zu erlangen ist, oder ist ein Versicherter so krank, daß seine Erwerbsunfähigkeit zu besorgen ist, so kann ein solches Heilverfahren angewendet werden, bei einem Versicherten mit eigenem Haushalt aber nur mit seiner Zustimmung.

Die Angehörigen erhalten dann eine Unterstützung in Höhe der Hälfte des Krankengeldes oder des ortsüblichen Tagelohns.

Wenn Ausländer ihren Wohnsitz nicht mehr im Inlande haben, ruht die Rente. Dieselben können mit dem 3fachen Jahresbetrage abgefunden werden.

Die Renten sind bis auf einige Ausnahmen nicht §. 55.
pfändbar, übertragbar sind sie nur mit Genehmigung der unteren Verwaltungsbehörde.

Die Invalidenrente setzt sich zusammen aus §. 86.
dem Reichszuschuß von 50 Mk., dem Grundbetrage und bestimmten Steigerungssätzen für jede Beitragswoche.

Der Grundbetrag beläuft sich:

für	Lohnklasse	I	auf	60	Mk.
„	„	II	„	70	„
„	„	III	„	80	„
„	„	IV	„	90	„
„	„	V	„	100	„

Der Steigerungssatz beträgt für jede Beitragswoche

in	Lohnklasse	I	3	Pfg.
„	„	II	6	„
„	„	III	8	„
„	„	IV	10	„
„	„	V	12	„

Die **Altersrente** setzt sich zusammen aus dem Reichszuschuß von 50 Mk. und dem Grundbetrage

in Lohnklasse	I	von	60	Mk.
„ „	II	„	90	„
„ „	III	„	120	„
„ „	IV	„	150	„
„ „	V	„	180	„

Für die Zeiten bescheinigter Krankheit und militärischer Dienstleistungen wird die zweite Lohnklasse zu Grunde gelegt.

Der Berechnung des Grundbetrages der **Invalidenrente** werden 500 Beitragswochen zu Grunde gelegt. Sind diese in verschiedenen Lohnklassen nachgewiesen, so wird der Durchschnitt in Ansatz gebracht.

Sind weniger als 500 Wochen nachgewiesen, so wird für die fehlenden Wochen Lohnklasse I, bei mehr wie 500 Wochen werden die 500 Beträge der höchsten Lohnsätze eingesetzt.

Wenn also ein Versicherter 400 Beitragswochen und zwar

100	in Lohnklasse	III,
100	„ „	IV,
200	„ „	V

nachweisen kann, so würde der Grundbetrag der Invalidenrente sich wie folgt berechnen:

100	Wochen in Lohnklasse	III	= 80 : 5 = 16	Mark
100	„ „ „	IV	= 90 : 5 = 18	„
200	„ „ „	V	= 100 : 2,5 = 40	„
100	„ „ „	I	= 60 : 5 = 12	„
			Höhe des Grundbetrages: 86	Mark

Zu diesem Grundbetrage sind hinzuzurechnen die Steigerungssätze

für 100 Wochen zu	8	Pfennige	=	8	Mark
„ 100 „ „	10	„	=	10	„
„ 200 „ „	12	„	=	24	„
„ 100 „ „	3	„	=	3	„
Dazu kommt noch der Reichszuschuß			=	50	„
Gesammtbetrag der Invalidenrente			=	181	Mark.

Hat ein Versicherter 1000 Beitragswochen und zwar

100 in Lohnklasse III,
100 „ „ IV,
800 „ „ V,

so würden 500 Beitragswochen der höchsten Lohnsätze zu rechnen sein.

Der Grundbetrag wird also betragen 100 Mark, dazu die Steigerungssätze

für 100 Wochen zu	8	Pfennige	=	8	„
„ 100 „ „	10	„	=	10	„
„ 800 „ „	12	„	=	96	„
Dazu der Reichszuschuß			=	50	„
Gesammtbetrag der Invalidenrente			=	264	Mark.

Bei der **Altersrente** wird, wenn Beiträge in verschiedenen Lohnklassen gezahlt sind, ebenfalls der Durchschnitt gezogen, bei mehr als 1200 Wochen werden die 1200 höchsten Lohnsätze eingesetzt.

Die **Invalidenrente** beträgt:

in Lohnklasse:	I.	II.	III.	IV.	V.	Mark
nach 10 Jahren:	125	150	170	190	210	„
„ 20 „	140	180	210	240	270	„
„ 30 „	155	210	250	290	330	„
„ 40 „	170	240	290	340	390	„
„ 50 „	185	270	338	400	462	„

Die Altersrente
beträgt: 110 140 170 200 230 Mk.

E. Statistik der Leistungen der deutschen Arbeiterversicherung.

Von den 56 Millionen Einwohnern des deutschen Reichs sind jetzt durch das Reich etwa

9 Millionen gegen Krankheit,
18 " " Unfall,
13 " " Invalidität

und die Noth des Alters versichert.

Seit dem Bestehen der Kranken-, Unfall- und Invalidenversicherung bis Ende 1899 haben im Ganzen rund 40 Millionen Erkrankte, Unfallverletzte, Invalide und deren Angehörige Unterstützungen in Höhe von ungefähr 2400 Millionen Mark empfangen.

Von diesen haben Arbeitgeber und Arbeiter je ungefähr die Hälfte aufgebracht.

In der Krankenversicherung sind den Versicherten in der Zeit von 1885—1899 rund 1470 Millionen Mark zu Gute gekommen.

Etwa 490 Millionen Mark haben die Arbeitgeber und etwa 980 Millionen die Arbeiter aufgebracht.

In der Unfallversicherung sind von 1885 bis Ende 1899 etwa 514 Millionen Mark aufgebracht worden und zwar von den Arbeitgebern allein.

Im Jahre 1886 sind rund 2 Millionen Mark Entschädigungen, im Jahre 1898 rund 70 Millionen Mark gezahlt worden.

In der Invalidenversicherung sind von 1891 bis 1899 an Invalidenrente etwa 158 Millionen Mark, an Altersrente etwa 220 Millionen Mark gezahlt worden.

Von den 378 Millionen Mark, welche von 1891 bis 1899 aufgebracht worden sind, haben die Arbeitgeber und Arbeiter je 189 Millionen Mark aufgebracht.

Die Invalidenrenten sind von
100 Mark im Jahre 1891
auf fast 43 Millionen Mark im Jahre 1899,
die Altersrenten
von 15 Millionen Mark im Jahre 1891
auf fast 27 Millionen Mark im Jahre 1899,
der Reichszuschuß ist
von 6 Millionen Mark im Jahre 1891
auf 26 Millionen Mark im Jahre 1899
gestiegen.

Bis Ende 1899 sind ungefähr 147 Millionen Mar als Reichszuschuß für die Invaliden- und Altersrenten verwendet worden.

VI. Patentgesetz vom 7 April 1891.

Jede neue Erfindung, welche eine gewerbliche Ver- §. 1
werthung gestattet, kann auf Grund dieses Gesetzes gegen u. 3.
unbefugte Nachahmung geschützt werden.

Nicht patentfähig sind Erfindungen

1. die gegen Gesetze und gute Sitten verstoßen;
2. Erfindungen von Nahrungs- und Genußmitteln, Arzneien, sowie von Stoffen, welche auf chemischem Wege hergestellt werden, sofern nicht das Herstellungsverfahren geschützt werden soll;
3. Erfindungen, deren wesentlicher Inhalt den Zeichnungen, Beschreibungen, Modellen, Geräthschaften oder Einrichtungen oder dem Verfahren eines An-

deren entnommen sind, welcher seine Einwilligung zur Patentirung versagt.

Was als Erfindung anzusehen ist, entscheidet das Patentamt oder in höchster Instanz das Reichsgericht.

§. 2. Eine Erfindung gilt im Allgemeinen als neu, wenn sie zur Zeit der Anmeldung innerhalb der letzten 100 Jahre in keiner öffentlichen, auch ausländischen Druckschrift bekannt gegeben oder im Inlande offenkundig benutzt worden ist.

§. 4. Durch Ertheilung des Patentes erwirbt der Patentinhaber allein die Befugniß, den Gegenstand der Erfindung gewerbsmäßig herzustellen, in Verkehr zu bringen, feilzuhalten oder zu gebrauchen.

§. 5. Personen, welche die Erfindung schon zur Zeit ihrer Anmeldung in Benutzung hatten oder die Vorbereitung zu einer solchen getroffen hatten, dürfen die Erfindung auch trotz des Patentes, aber nur für die Bedürfnisse des eigenen Betriebes, weiter ausnutzen.

Dieses Recht kann jedoch nur mit dem Betriebe selbst verkauft oder vererbt werden.

Die Wirkung des Patentes tritt nicht ein, wenn dasselbe für das Heer oder die Flotte oder im Interesse der öffentlichen Wohlfahrt benutzt werden soll. Der Patentinhaber hat aber dann Anspruch auf angemessene Vergütung.

Zusatzpatente können nachgesucht werden, wenn eine Erfindung die Verbesserung oder sonstige weitere Ausbildung einer anderen, durch Patent geschützten Erfindung bezweckt.

Zusatzpatente laufen mit dem Tage des Hauptpatentes ab.

Das Patentamt prüft nicht, ob der Anmelder der Erfindung auch der rechtmäßige Eigenthümer der Idee ist. Anspruch auf das Patent hat vielmehr derjenige, welcher es zuerst angemeldet hat. §. 8.

Es ist daher Geheimhaltung der Erfindung bis zur Anmeldung derselben nothwendig.

Die Vermittlung eines Patentanwaltes ist nicht unbedingt nothwendig. Nur für die nicht im Inlande Wohnenden ist vorgeschrieben, sich eines Vertreters im Inlande zu bedienen. §. 12.

Das ertheilte Patent gilt für den ganzen Umfang des Deutschen Reiches und für die Dauer von 15 Jahren.

Die Anmeldung eines Patentes hat beim kaiserlichen Patentamt in Berlin schriftlich zu erfolgen; sie muß Name, Stand, Wohnort des Antragstellers genau bezeichnen und den Gegenstand des Patentanspruches durch Zeichnungen, Beschreibungen, und wenn nöthig, auch Modelle und Probenstücke erläutern. §. 20 u. f.

Bei der Anmeldung ist eine Einschreibegebühr von 20 Mark zu entrichten.

Wird der Antrag zurückgewiesen, so steht dem Antragsteller das Recht zu, seine Einwendungen gegen die Gründe der Zurückweisung schriftlich beim Patentamt binnen einer bestimmten Frist, welche ihm mitgetheilt wird, selbst vorzubringen. Geschieht dies nicht, so gilt der Antrag als zurückgezogen.

Eine Beschwerde gegen diesen ersten sogenannten Vorbescheid ist nicht zulässig. Ist vom Antragsteller Einspruch erhoben worden, so findet Verhandlung vor der gesammten Anmeldeabtheilung statt, gegen deren Bescheid binnen einem Monat Beschwerde beim Patentamt selbst eingelegt werden kann, wobei abermals 20

Mark Gebühren zu zahlen sind. Das Patentamt entscheidet alsdann endgültig.

Ist das Patent ertheilt, so erfolgt seine Bekanntmachung in dem Patentblatt.

Wird beabsichtigt, das Patent auch im Auslande zu erwerben, so empfiehlt es sich, beim Patentamt zu beantragen, die Bekanntmachung aufzuschieben, weil in einigen Staaten die Veröffentlichung der Erfindung die Erlangung des Patentes in diesen Staaten erschweren oder ausschließen kann.

Die Bekanntmachung kann bis zu 3 Monaten aufgeschoben werden.

Innerhalb zwei Monaten nach Ertheilung des Patentes sind die ersten Jahresgebühren in Höhe von 50 Mark zu zahlen.

Jede Aenderung in der Person des Patentinhabers ist dem Patentamt schriftlich anzuzeigen.

§. 8. Für die Ertheilung eines jeden Patentes ist eine Gebühr von 20 Mark zu entrichten, außerdem muß für jedes Patent eine fortlaufende Jahresgebühr gezahlt werden, deren Betrag vom 2. Jahre an um 50 Mark steigt. Die Jahresgebühren sind 6 Wochen nach dem Fälligkeitstermine zu entrichten, spätestens, dann jedoch mit einem Zuschlage von 10 Mark, innerhalb 12 Wochen.

§. 35 bis 40. Wer wissentlich oder aus grober Fahrlässigkeit ein Patent verletzt, hat dem Patentinhaber auf dessen Antrag entweder für jeden einzelnen Fall eine bestimmte Entschädigung oder eine einmalige Abfindungssumme, welche bis zur Höhe von 10000 Mark steigen kann, zu zahlen. Zuständig für derartige Streitigkeiten sind die Landgerichte, und zwar dasjenige, in dessen Bezirk der Angeschuldigte seinen Wohnsitz hat.

Wer wissentlich ein Patent verletzt, wird außerdem in eine Geldstrafe bis zu 5000 Mark genommen oder mit Gefängniß bis zu einem Jahr belegt. Die strafrechtliche Verfolgung tritt nur auf Antrag ein. Der Entschädigungsanspruch, sowie die strafrechtliche Verfolgung verjähren nach 3 Jahren, welche von dem Tage rechnen, an welchem die letzte Patentverletzung stattgefunden hat.

Mit Geldstrafe bis zu 1000 Mark wird auch jeder Mißbrauch eines Patentes bestraft, welcher darin besteht, daß durch Bezeichnungen, Anschriften, Anzeigen, Aushängen und Aehnliches der Irrthum erweckt wird, als ob es sich um einen patentirten Gegenstand handelte.

Jedes Patent kann nach Ablauf von 3 Jahren §. 10
zurückgenommen werden, wenn der Patentinhaber es u. 11.
unterläßt, die Erfindung in angemessenem Umfange zur Ausführung zu bringen oder, wenn die Zurücknahme im öffentlichen Interesse liegt.

Für nichtig kann es erklärt werden, wenn die Erfindung Gegenstand des Patentes eines früheren Anmelders ist, wenn der Gegenstand nicht patentfähig war oder der wesentliche Inhalt der Anmeldung den Zeichnungen, dem Verfahren u. s. w. eines Andern entnommen war.

Nichtigkeitserklärung oder Zurücknahme erfolgt nur §. 28.
auf Antrag, welcher beim Patentamt anzubringen ist. 5 Jahre nach Ertheilung des Patentes ist der Antrag nicht mehr zulässig.

Gegen die Nichtigkeitserklärung kann binnen 6 Wochen Berufung eingelegt werden, welche beim Patentamt anzubringen ist, und vom Reichsgericht entschieden wird.

Das Patent erlischt, wenn der Patentinhaber auf dasselbe verzichtet oder wenn die Gebühren nicht rechtzeitig eingezahlt werden.

VII. Gesetz, betreffend den Schutz von Gebrauchsmustern vom 1. Juni 1891.

§. 1. Dieses Gesetz soll alle Arbeitsgeräthschaften und Gebrauchsgegenstände, deren Patentirung nicht möglich ist, soweit sie neu sind oder eine neue Umgestaltung erfahren sollen, gegen Nachahmung schützen. Sie gelten nicht als neu, wenn sie zur Zeit der Anmeldung bereits in öffentlichen Druckschriften beschrieben oder im Inlande offenkundig benutzt sind.

Der Gebrauchsmusterschutz wird ohne jede Prüfung, ob das Muster neu ist oder nicht, auf Antrag ertheilt.

Wird das Muster nachgeahmt, so kann der Inhaber gegen den Nachahmer gerichtlich vorgehen. Dieser muß dann beweisen können, daß das Muster nicht neu ist.

§. 2. Die Anmeldung ist unter Beifügung eines Modelles schriftlich beim Patentamt anzubringen und muß enthalten:

1. Den Antrag auf Eintragung in die Musterrolle,
2. die genaue Bezeichnung, unter welcher die Eintragung erfolgen soll,
3. die Angabe, worin die Neuerung besteht.
4. die Erklärung, daß die Anmeldegebühr von 15 Mark an die Kasse des Patentamtes entrichtet ist,
5. Name, Stand und Wohnort des Antragstellers.

§. 4. Die Eintragung in die Rolle hat die Wirkung, daß der Eingetragene die Neuerung gewerbsmäßig herstellen und verwerthen darf. Greift das Recht hierzu in dasjenige eines früher Eingetragenen ein, so darf es mit Genehmigung des Letzteren ausgeübt werden. Dasselbe gilt von den Inhabern früherer Patente.

Die Eintragungen werden durch den Reichsanzeiger bekannt gemacht.

Wenn der wesentliche Inhalt der Eintragung den Beschreibungen, Zeichnungen, Modellen, Geräthschaften oder Einrichtungen eines Anderen ohne dessen Einwilligung entnommen ist, so tritt dem Verletzten gegenüber der Schutz des Gesetzes nicht ein.

Der Schutz gilt für die Dauer von 3 Jahren. Auf §. 8.
weitere 3 Jahre kann er gegen Nachzahlung einer Gebühr von 60 Mark verlängert werden. Werden Aenderungen in der Person des Inhabers dem Patentamte angezeigt, so werden sie in der Rolle vermerkt.

Ein Gebrauchsmuster kann auf Antrag für nichtig erklärt werden, wenn es nicht neu ist.

Der Beweis, daß dies nicht der Fall ist, kann nur durch gerichtliches Urtheil erbracht werden.

Sachen bis zu 300 Mark gehören vor das Amtsgericht, Sachen mit einem höheren Werthobjekt vor das Landgericht.

Wer wissentlich oder aus grober Fahrlässigkeit den §. 9
Gebrauchsmusterschutz verletzt, ist dem Geschädigten zum bis 11.
Schadenersatz verpflichtet. Der Entschädigungsanspruch erlischt nach 3 Jahren. Geschieht die widerrechtliche Benutzung wissentlich, so tritt auf Antrag des Inhabers außerdem Bestrafung bis zur Höhe von 5000 Mark oder bis zu einem Jahre Gefängniß ein.

VIII. Gesetz betr. das Urheberrecht an Mustern u. Modellen v. 11. Januar 1876.

Dieses Gesetz ist namentlich für Zeichner, Maler, Bildhauer, Holzschnitzer, Modelleure, Mustersticker, für Gießereien, Webereien u. A. wichtig.

Es soll im Gegensatz zum Gebrauchsmusterschutz Geschmacks- (Schönheits-) Muster schützen. Es können jedoch ebenfalls nur Muster, die im Gewerbe Anwendung finden sollen, geschützt werden.

Die Muster oder Modelle müssen durch Zeichnung, Farbe oder Form einem Industrieerzeugnisse besonderen Werth geben.

Geschmacksmuster sind beim Handels- oder Amtsgericht anzumelden. Eine Prüfung über die Berechtigung des Antragstellers findet ebenfalls nicht statt. Als Urheber gilt also der in das Musterregister Eingetragene.

Gegen Nachahmer muß der Eingetragene klagbar werden.

Die Eintragungskosten betragen bis zu 3 Jahren für jedes Muster 1 Mk. für das Jahr.

Wird der Schutz für länger als 3 Jahre in Anspruch genommen, so beträgt die Gebühr bis einschließlich des 10. Jahres 2 Mk., vom 11. bis 15. Jahre 3 Mk. für das Jahr.

Die Einzelkopie eines Musters oder Modells, sofern sie nicht gewerbsmäßig geschieht, die plastische Nachbildung von Flächenerzeugnissen und die bildliche Nachbildung von plastischen Erzeugnissen, sowie Nachbildung einzelner Muster oder Modelle in einem Schriftwerk ist nicht verboten.

IX. Gesetz betr. den Schutz der Waarenbezeichnungen vom 12. Mai 1894.

Dieses Gesetz soll alle Zeichen schützen, welche Gewerbetreibende zur Unterscheidung ihrer Waaren von anderweitig hergestellten oder in Verkehr gebrachten anwenden.

Diese Zeichen werden in eine Zeichenrolle eingetragen. Die Eintragung ist schriftlich beim Patentamte zu beantragen.

Das Patentamt veröffentlicht die eingetragenen und gelöschten Zeichen.

Der diesbezügliche Antrag muß die genaue Bezeichnung des Geschäftsbetriebes, ein Verzeichniß der in Betracht kommenden Waaren, eine genaue Beschreibung und deutliche Darstellung des gewählten Zeichens und eine Erklärung, daß die Anmeldegebühr gezahlt ist, enthalten.

Das Zeichen darf nicht nur aus Buchstaben oder Zahlen bestehen, sondern muß unter allen Umständen auch eine Figur enthalten.

Von der Eintragung sind ausgeschlossen:

Zeichen, welche Aergerniß erregende Darstellungen enthalten, sichtlich unwahr sind oder die Gefahr einer Täuschung in sich schließen. Außerdem dürfen weder in- noch ausländische Staatswappen, noch inländische Gemeinde- oder Kommunalwappen verwendet werden. Der preußische und der Reichsadler können benutzt werden, jedoch nicht in Form eines Wappenschildes.

Erachtet das Patentamt, daß ein zur Anmeldung gebrachtes Zeichen mit einem früher angemeldeten übereinstimmt, so macht es dem Inhaber dieses Letzteren Mittheilung. Erhebt dieser nicht innerhalb eines Monats Widerspruch, so wird das Zeichen eingetragen.

Bei der Anmeldung ist eine einmalige Gebühr von 30 Mark zu entrichten, wofür das Zeichen auf die Dauer von 10 Jahren geschützt wird, d. h. es darf ausschließlich von dem Antragsteller zur Bezeichnung von Waaren oder deren Verpackung benutzt werden.

Wer wissentlich oder aus grober Fahrlässigkeit ein eingetragenes Zeichen widerrechtlich benutzt, ist dem Geschädigten zum Schadenersatz verpflichtet, welcher entweder für jeden Einzelfall oder als einmalige Abfindungssumme bis zu 10000 Mark gefordert werden kann. Ist der Mißbrauch absichtlich geschehen, so tritt auf Antrag des Geschädigten auch noch strafrechtliche Verfolgung ein, deren Ergebniß Geldstrafen von 150 bis 5000 Mark oder Gefängniß bis zu 6 Monaten sein kann.

Wird Jemand wegen widerrechtlicher Benutzung eines Waarenzeichens verurtheilt, so muß gleichzeitig auf Entfernung des Zeichens von allen in seinem Besitz befindlichen Gegenständen erkannt werden. Kann dies nicht anders geschehen, so wird die Vernichtung dieser Gegenstände verfügt.

Ein Waarenzeichen wird gelöscht nach Ablauf der 10jährigen Schutzfrist, wenn nicht vorher gegen Nachzahlung von 10 Mark ein Schutz für weitere 10 Jahre beantragt wird. Dieser Antrag kann auch noch innerhalb eines Monats nach Ablauf der ersten Schutzfrist gestellt werden, alsdann sind jedoch statt 10 Mk. 20 Mark nachzuzahlen.

Zeichen, welche gelöscht worden sind, dürfen zu Gunsten eines Anderen erst nach Ablauf von 2 Jahren wieder eingetragen werden.

X. Dampfkesselgesetzgebung.

A. Allgemeines.

Der Begriff der Dampfkessel ist weder gesetzlich noch durch Verordnung festgelegt.

In der Polizei-Verordnung über Dampffässer (S. 164) werden als Dampfkessel angesehen, „Dampfdruckgefäße, in denen gespannter Wasserdampf erzeugt wird zum Zweck von Kraft- und Wärmeabgabe außerhalb des Dampferzeugers".

Man unterscheidet dem Verwendungszwecke nach folgende 3 Kesselarten:

1. Feststehende Kessel.
   Das sind solche, welche an bestimmter Betriebsstelle dauernd betrieben werden sollen.
2. Bewegliche Kessel.
   Das sind solche, die an verschiedenen Betriebsstellen Verwendung finden.
3. Schiffskessel.

Die gesetzlichen Bestimmungen, welche für die Herstellung, die Anlegung und den Betrieb der Dampfkessel in Betracht kommen, sind:

a) §. 24, 25 und 49 der Gewerbeordnung.
b) §. 147 der Gewerbeordnung.
c) Gesetz vom 3. Mai 1872, betreffend den Betrieb der Dampfkessel.
d) Bekanntmachung, betreffend allgemeine polizeiliche Bestimmungen über die Anlegung von Dampfkesseln vom 5. Aug. 1890.
e) Bundesrathsbestimmungen vom 3. Juli 1890.

f) Anweisung betreffend Genehmigung und Untersuchung der Dampfkessel vom 9. März 1900.

Diese Bestimmungen werden sämmtlich auszugsweise in Nachstehendem besprochen.

B. Genehmigungsverfahren.

§. 42 R.G.O. Zur Anlegung von Dampfkesseln, dieselben mögen zum Maschinenbetriebe bestimmt sein oder nicht, ist die Genehmigung der nach den Landesgesetzen zuständigen Behörden erforderlich. Dem Gesuche sind die zur Erläuterung erforderlichen Zeichnungen und Beschreibungen beizufügen.

Zuständig für die Genehmigung ist:

a) der Stadtausschuß in Städten, die einen selbstständigen Stadtkreis bilden, d. h. mit mehr als 25000 Einwohnern;
b) der Magistrat in Städten, die zu einem Landkreise gehören, aber mehr als 10000 Einwohner haben;
c) der Kreisausschuß in kleineren Städten und auf dem Lande.

§. 9*. Die örtliche Zuständigkeit bestimmt sich:

a) bei feststehenden Kesseln nach dem Orte der Errichtung;
b) bei beweglichen Kesseln nach dem Wohnsitze des Antragstellers;
c) bei Dampfschiffskesseln nach dem Heimathshafen des Schiffes, in Ermangelung eines solchen nach dem Wohnsitze des Schiffseigners.

§. 10 d. A. Der Antrag ist schriftlich zu stellen und einzureichen:

*) Der Anw. vom 9. 8. 1900.

a) bei Dampfkesseln auf den der Aufsicht der Bergbehörden unterstellten Betrieben bei den Königlichen Bergrevierbeamten;
b) bei den Kesseln der allgemeinen Bauverwaltung, soweit hier besondere für das Maschinenbaufach vorgebildete höhere Beamte bestellt sind, durch diese, anderenfalls durch die Königlichen Gewerbe-Aufsichtsbeamten; bei den übrigen preußischen fiskalischen Kesseln durch letztere Beamte;
c) durch staatlicherseits hierzu ermächtigte Ingenieure der preußischen oder in Preußen anerkannten Dampfkessel-Ueberwachungsvereine im staatlichen Auftrage;
d) durch die Dampfkesselrevisionsvereine.

Die vom Staate beauftragten Dampfkessel-Ueberwachungsvereine haben die nach Maßgabe der nachstehenden Vorschriften vorzunehmenden Prüfungen zu den durch die Gebührenordnung festgelegten Sätzen auszuführen.

Dem Antrage sind in je drei Ausfertigungen beizufügen:
1. eine Beschreibung;
2. eine maßstäbliche Zeichnung, aus welcher die Größe der vom Feuer berührten Fläche zu berechnen ist und die Höhe des niedrigsten zulässigen Wasserstandes über den Feuerzügen und die etwa vorhandenen Verankerungen und Versteifungen zu ersehen sind; bei Dampfschiffskesseln hat sich die maßstäbliche Zeichnung auch auf den Theil des Schiffes, in welchem der Kessel eingebaut ist, zu erstrecken.

Wenn die Anlegung eines feststehenden Kessels beabsichtigt wird, sind ebenfalls in je 3 Ausfertigungen einzureichen:

10*

1. ein Lageplan, welche die an den Ort der Aufstellung des Kessels stoßenden Grundstücke zu umfassen hat;
2. eine maßstäbliche Zeichnung des Aufstellungsraums des Kessels, aus der auch der Standort des Kessels und des Schornsteins, sowie die Lage der Feuer- und Rauchröhren gegen die benachbarten Grundstücke deutlich zu erkennen sind;
3. die statischen Berechnungen für neu zu errichtende freistehende Schornsteine, sowie für größere Dachkonstruktionen.

Bei Dampfkesseln, die einer erneuten Genehmigung bedürfen, genügt es, wenn mit dem Antrage die frühere Genehmigungsurkunde mit ihren Anlagen — und bei etwa beabsichtigten Veränderungen — Beschreibung und Zeichnung der letzteren in der erforderlichen Zahl der Ausfertigungen vorgelegt werden.

Alle Zeichnungen müssen entweder direkt auf Leinewand gezeichnet oder auf solche aufgezogen sein.

Zeichnungen, welche im Blauverfahren vervielfältigt sind, dürfen nicht verwendet werden.

Sämmtliche Zeichnungen und Beschreibungen müssen vom Antragsteller und Verfertiger unter Orts- und Datumsangabe unterschrieben sein.

§. 18 d. A. Den Gesuchen um Genehmigung alt angekaufter, bereits anderweit in Betrieb gewesener Kessel ist ein vollständiger Nachweis über den Erbauer des Kessels, über die früheren Betriebsstätten, über die Zeit, während welcher der Kessel überhaupt schon betrieben worden ist, und über die Gründe beizufügen, welche dazu geführt haben, den Kessel außer Betrieb zu setzen.

Die Unterlagen werden nunmehr einer technischen Prüfung unterworfen.

Sofern die technische Vorprüfung von einem Vereins- §. 11
ingenieur ausgeführt wird, hat dieser die vorgeprüften d. A.
und bescheinigten Vorlagen zur Prüfung in gewerbe- oder bergpolizeilicher Hinsicht an den zuständigen Gewerbeinspektor oder Bergrevierbeamten weiterzugeben, der sie nach erfolgter Prüfung und Bescheinigung der Beschlußbehörde vorzulegen hat.

Diese entscheidet, ob die Dampfkesselanlage genehmigt oder nicht genehmigt werden soll.

Soll die Genehmigung versagt, oder unter Be- §. 12
dingungen ertheilt werden, mit welchen sich der Unter- d. A.
nehmer nicht ausdrücklich einverstanden erklärt hat, so erhält derselbe erst einen schriftlichen Bescheid.

Gegen die Gründe dieses Bescheides kann der Unternehmer innerhalb 14 Tagen nach Empfang desselben bei der Beschlußbehörde auf mündliche Verhandlung antragen. Gegen den Beschluß dieser mündlichen Verhandlung kann der Antragsteller abermals binnen 14 Tagen Beschwerde beim Minister für Handel und Gewerbe einlegen. Dieser letztere Weg kann auch sofort d. h. ohne vorherige Beantragung einer mündlichen Verhandlung beschritten werden. Die Beschwerde muß eingehend begründet sein. Für die Begründung kann auf Antrag eine Nachfrist bewilligt werden. In Fällen, welche keinen Aufschub zulassen oder klar liegen, ist der Vorsitzende des Kreis- (Stadt-) Ausschusses befugt, Namens dieser Behörde über das Genehmigungsgesuch zu entscheiden.

§.147*. Vor Empfang der Genehmigungsurkunde darf mit der Errichtung der Kesselanlage nicht begonnen und ein beweglicher Kessel nicht in Betrieb genommen werden. Zuwiderhandlung wird mit Geldstrafen bis zu 300 Mark geahndet.

Die Genehmigung erlischt:

§. 19 1. Wenn nicht innerhalb eines Jahres oder inner-
d. A. halb der in der Urkunde hierfür festgesetzten Zeit von ihr Gebrauch gemacht wird;

2. wenn der Kesselbetrieb länger als 3 Jahre geruht hat.

Die Verjährungsfrist kann in beiden Fällen auf Antrag durch die Beschlußbehörde verlängert werden. Ein Recht auf Verlängerung besteht indessen nicht.

§. 8 Einer erneuten Genehmigung bedürfen:

d. A. 1. Dampfkessel, welche wesentliche Aenderungen in ihrer Bauart erfahren;

2. Dampfkessel, welche wieder in Betrieb genommen werden sollen, nachdem die früher ertheilte Genehmigung wegen unterlassenen Betriebes erloschen ist;

3. feststehende Dampfkessel, deren Betriebsstätten nach Lage oder Beschaffenheit wesentlichen Aenderungen unterworfen werden sollen;

4. Dampfkessel, welche außerhalb des Schiffes, auf das die Genehmigung lautet — sei es in Verbindung mit einem anderen Schiffe, sei es auf dem Festlande — in Betrieb genommen werden sollen;

5. bewegliche Dampfkessel, welche an einem Betriebs-

*) Ziff. 2 R.G.O.

orte zu dauernder Benutzung aufgestellt werden sollen;

6. Dampfkessel, bei denen eine Erhöhung der in der Genehmigungsurkunde festgesetzten höchsten zulässigen Dampfspannung stattfinden soll.

Einer Genehmigung der Beschlußbehörde bedarf es ferner, wenn eine Aenderung der in der Genehmigungsurkunde aufgeführten Bedingungen stattfinden soll oder eine wesentliche Aenderung der in der Beschreibung zur Dampfkesselanlage angegebenen Sicherheitsvorrichtungen beabsichtigt wird.

C. Beschaffenheit der Dampfkessel.

Jeder Kessel muß, um genehmigungsfähig zu sein, hinsichtlich seiner Bauart und Ausrüstung den bestehenden Vorschriften genügen.

1. Bauart.

Die Beschaffenheit und Veranferung der einzelnen Kesseltheile muß dem jeweiligen Stande der Technik, die Wandstärken und die Güte des Materials müssen dem beabsichtigten Betriebsdruck entsprechen.

Die Wanddicken neuer Dampfkessel sind so zu bemessen, daß die Zugspannung des Blechs an der schwächsten Stelle nicht mehr als $^1/_5$ der Zugfestigkeit des Materials beträgt. Bei Anwendung doppelt gelaschter Nähte darf eine Zugspannung bis zu $^1/_{4,5}$ der Zugfestigkeit des Materials gestattet werden.

Gußeisen darf nur für solche Kesseltheile benutzt §. 1 u. 2*.

---

*) Der allgemeinen polizeilichen Bestimmungen vom 5. Aug. 1890.

werden, welche entweder überhaupt nicht vom Feuer berührt werden oder, falls dies geschieht, bei Cylindergestalt nicht mehr als 25 und bei Kugelgestalt nicht mehr als 30 cm Durchmesser haben.

Die Verwendung von Messingblech ist nur für Feuerröhren, deren lichte Weite zehn Centimeter nicht übersteigt, gestattet.

Die um oder durch einen Dampfkessel gehenden Feuerzüge müssen an ihrer höchsten Stelle in einem Abstand von mindestens zehn Centimeter unter dem festgesetzten niedrigsten Wasserspiegel des Kessels liegen.

Diese Bestimmung findet keine Anwendung auf Dampfkessel, welche aus Sieberöhren von weniger als 10 Centimeter Weite bestehen, sowie auf solche Feuerzüge, in welchen ein Erglühen des mit dem Dampfraum in Berührung stehenden Theiles der Wandungen nicht zu befürchten ist. Die Gefahr des Erglühens ist in der Regel als ausgeschlossen zu betrachten, wenn die vom Wasser bespülte Kesselfläche, welche von dem Feuer vor Erreichung der vom Dampf bespülten Kesselfläche bestrichen wird, bei natürlichem Luftzug mindestens zwanzig Mal, bei künstlichem Luftzug mindestens vierzig Mal so groß ist, als die Fläche des Feuerrostes.

2. Ausrüstung der Dampfkessel.

An jedem Dampfkessel müssen angebracht sein:

§. 8 bis 10*. 1. Zwei Wasserstandszeiger, deren einer ein Wasserstandsglas sein muß, der andere kann ebenfalls ein Glas sein oder aus 2 Probirhähnen bestehen. In letzterem Falle muß der

---

*) D. a. p. B.

unterste Hahn in der Höhe des niedrigsten Wasserstandes angebracht sein. Sämmtliche Hähne müssen während des Betriebes in gerader Richtung durchstoßbar sein.

2. Zwei nicht von derselben Betriebsvorrichtung abhängige zuverlässige Speisevorrichtungen. Jede dieser beiden Vorrichtungen ist so groß zu wählen, daß sie mindestens den doppelten Bedarf an Speisewasser liefern kann.

Handpumpen sind im Allgemeinen nur dann zuzulassen, wenn sie von einem Arbeiter, und zwar dem Kesselwärter, zuverlässig bedient werden können; deshalb wird für Kessel mit über 500 kg stündlicher Dampferzeugung von der Verwendung einer Handspeisepumpe gewöhnlich Abstand zu nehmen sein*).

3. Ein Manometer, auf dessen Zifferblatt die festgesetzte höchste Dampfspannung durch eine Marke kenntlich gemacht ist. An Schiffsdampfkesseln müssen 2 Manometer angebracht sein.

4. Bei feststehenden ein, bei beweglichen und Schiffskesseln zwei Sicherheitsventile von genügender Größe, dieselben müssen so eingerichtet sein, daß sie bei der für den Kessel festgesetzten höchsten Dampfspannung den Dampf entweichen lassen, und daß sie jederzeit leicht gelüftet werden können.

5. Eine Marke für den festgesetzten niedrigsten Wasserstand.

6. Ein Speiseventil, welches durch den Druck des Kesselwassers geschlossen werden muß.

---

*) Vergl. Jäger, Dampfkesselbestimmungen, S. 21.

7. Ein Fabrikschild, welches folgende Angaben enthalten muß:
   a) Name und Wohnort des Fabrikanten,
   b) Jahr der Anfertigung,
   c) Ueberdruck in Atmosphären,
   d) Laufende Fabriknummer.

   Das Schild muß an einem mit dem Kessel nicht durch Verschraubung verbundenen Theile mittels kupferner Nieten verbunden sein, welche von dem Prüfungsbeamten mit dem amtlichen Stempel versehen werden.
8. Ein Kontrolflansch zur Anbringung des amtlichen Kontrolmanometers.

D. Aufstellung der Dampfkessel.

§. 14, 15*. Dampfkessel müssen im Allgemeinen in besonderen Baulichkeiten untergebracht werden und zwar in solchen Räumen, in oder über denen sich Menschen nicht aufhalten und welche weder überwölbt noch mit fester Balkendecke versehen sind. Ausgenommen hiervon sind nur Kessel, welche aus Siederöhren von weniger als 10 cm Weite bestehen, welche in Bergwerken und Schiffen aufgestellt werden und solche, bei denen das Produkt aus der feuerberührten Fläche in Quadratmetern und der Dampfspannung in Atmosphären Ueberdruck nicht mehr wie dreißig beträgt, vorausgesetzt, daß sie nicht für mehr als 6 Atmosphären Ueberdruck bestimmt sind.

Das Kesselhaus muß genügend hoch sein, um einen bequemen und gefahrlosen Verkehr auf dem Kesselmauerwerk zu ermöglichen, d. h. es muß über einge-

---

*) D. a. p. V.

mauerten Dampfkesseln mindestens 2 Meter (bei schrägen Dachflächen im Mittel gemessen) freie Höhe vorhanden sein.

Die Größe der Fensterflächen oder des Oberlichtes (letzteres thunlichst in der Nähe des Heizerstandes anzuordnen) soll nicht unter $^1/_8$ bis $^1/_{10}$ der Grundfläche des Kesselhauses betragen. Die Fenster sollen sich mindestens in ihrem oberen Drittel um die horizontale Axe aufklappen lassen. Das Kesselhaus soll mit genügender Lüftungseinrichtung versehen sein. Es muß eine direkt ins Freie und nach außen aufschlagende und in der Nähe des Heizerstandes gelegene Thür besitzen und so eingerichtet sein, daß es in allen Theilen genügend durch Tageslicht erhellt wird*).

Wasserstände müssen geeignet konstruirt sein und mit guten Schutzvorrichtungen versehen werden.

Rauchschieber-Gegengewichte sind mit einer Umwehrung zu versehen.

Das Besteigen des Kessels soll thunlichst durch feste Treppen mit Geländern erleichtert werden. Das Geländer muß über das Mauerwerk hinausragen.

Der Heizerstand muß eine genügende Größe besitzen.

Dampfauslässe, Schlammabblaseleitungen u. A., welche ins Freie münden, sind so anzulegen, daß Passanten durch den Dampf nicht verbrüht werden können.

Gruben, Kondenswasserbehälter und dergleichen im Kesselhause müssen gut abgedeckt und umwehrt werden.

Die Einmauerung des Kessels muß so erfolgen, daß das Mauerwerk an allen Stellen von den Umfassungswänden des Gebäudes, den Wänden eines

*) Vergl. Jäger, Dampfkesselbestimmungen, S. 98, 99.

Schornsteins und von dem Mauerwerk benachbarter Kessel mindestens 8 cm entfernt bleibt.

Hiervon kann dann abgesehen werden, wenn die Zwischenwand zwischen zwei Kesseln mindestens 38 cm stark und für Lüftung und Abkühlung außerdem hinreichend gesorgt ist, um die Züge reinigen und befahren zu können. Eine leichte Abdeckung der Zwischenräume ist gestattet. Der Fuchs darf mit dem Mauerwerk der Außenwände in Verbindung stehen.

Bestehende Anlagen, deren Einzelkessel nicht durch Zwischenräume von einander getrennt sind, werden durch diese Vorschriften auch dann nicht getroffen, wenn neue Kessel an Stelle alter eingewechselt werden oder die Disposition und Konstruktion des vorhandenen Dampfkesselgebäudes bei Vergrößerung der Kesselzahl die Anordnung der Zwischenräume unthunlich erscheinen läßt. Nur muß bei Erweiterung der bestehenden Anlage, d. h. bei der Anreihung weiterer Kessel, das Zwischenmauerwerk zwischen je 2 Kesseln mindestens 38 cm stark sein, und außerdem für Lüftung und Abkühlung hinreichend gesorgt werden, um die Züge reinigen und befahren zu können.

E. Prüfungen der Dampfkessel.

Man unterscheidet einmalige und regelmäßig wiederkehrende technische Untersuchungen:

1. Einmalige Untersuchungen.

a) Bauartprüfung und Wasserdruckprobe.

§. 21 bis 24 d. A. Jeder neue und wieder in Betrieb zu nehmende Dampfkessel muß diesen Untersuchungen unterzogen werden. Beide Prüfungen können entweder in der Kesselfabrik oder an der demnächstigen Betriebsstelle des Kessels vorgenommen werden. Die Wasserdruckprobe muß nach der letzten Zusammensetzung, jedoch stets vor der Einmauerung oder Ummantelung des Kessels erfolgen. Der Kesselbesitzer hat dafür Sorge zu tragen, daß sich die Bescheinigung über die obigen Prüfungen am Tage der Kesselabnahme in seinen Händen befindet.

b) Abnahme-Prüfung.

Bevor ein neu- oder wiedergenehmigter Kessel in §. 25
Betrieb genommen werden darf, ist derselbe einer amt- d. A.
lichen Abnahme-Prüfung zu unterziehen. Diese Prüfung kann bei feststehenden Kesseln nur an der Betriebsstätte des Kessels vorgenommen werden, bei beweglichen Kesseln kann sie indessen auch in der Kesselfabrik erfolgen.

Die Abnahmeprüfung kann, da sie festzustellen hat, §. 28
ob die Anlage der ertheilten Genehmigung entspricht, d. A.
nur erfolgen, wenn die Kesselanlage genau den Zeichnungen der Genehmigungsurkunde entspricht und die Bedingungen derselben sämmtlich erfüllt sind. Auch über diese Prüfung erhält der Kesselbesitzer eine stempelpflichtige amtliche Bescheinigung, vor deren Empfang er den Kesselbetrieb nicht eröffnen darf. Zuwiderhandlung wird mit Geldstrafe bis zu 300 Mark belegt. — Eine weitere Erlaubniß zur Inbetriebnahme des Kessels ist nicht erforderlich. Bei beweglichen Kesseln muß jedoch der Ortspolizeibehörde jedesmal vor Inbetriebsetzung des Kessels Anzeige über den Standort desselben erstattet werden.

Ebenso ist von jeder im Kesselbesitzstande eintretenden

Aenderung, insbesondere der zeitweisen oder gänzlichen Außerbetriebsetzung von Kesseln, Anzeige zu erstatten.

c) Wasserdruckprobe nach Hauptausbesserung.

§. 28 d. A. Jeder Kessel, welcher behufs Ausbesserung vollständig blosgelegt oder eine Ausbesserung in einer Kesselfabrik erfahren hat, muß vor seiner Wiederinbetriebnahme einer amtlichen Wasserdruckprobe unterzogen werden. Derselben Prüfung ist auch jeder Kessel zu unterwerfen, wenn der Umfang der Reparatur diese als Hauptausbesserung erscheinen läßt.

d) Innere Untersuchung bei Neugenehmigung.

§. 18 II d. A. Jeder alte Kessel, der neu genehmigt werden soll, muß vor der Prüfung der Bauart und Druckprobe einer inneren Untersuchung unterzogen werden. Bei derselben sind die Wandstärken der Haupttheile durch direkte Messung zu ermitteln, zu welchem Zwecke der Kessel erforderlichen Falls anzubohren ist. Die Bescheinigung hierüber muß bei Einreichung des Genehmigungsantrages mit vorgelegt werden.

e) Wasserdruckprobe und innere Untersuchung nach zweijähriger Betriebspause.

§. 32 VIII d. A. Hat ein Kessel länger als 2 Jahre still gestanden, so muß derselbe vor seiner Wiederinbetriebnahme einer inneren Untersuchung und einer Wasserdruckprobe unterzogen werden.

§. 27 d. A. Alle Bescheinigungen sind mit der Genehmigungsurkunde und den dazu gehörigen Unterlagen einem Revisionsbuche vorzuheften, welches an der Betriebsstätte des Kessels aufzubewahren ist.

2. Regelmäßig wiederkehrende Untersuchungen.

a) Aeußere Untersuchungen.

Dieselben haben bei feststehenden Kesseln alle 2 Jahre, §. 2[illegible]
bei beweglichen und Schiffsdampfkesseln alle Jahre statt- bis [illegible]
zufinden. Sie bestehen in der Hauptsache in der Prüfung d. A.
aller am Kessel befindlichen Ausrüstungsstücke und Sicherheitsapparate und in der Prüfung des Kesselheizers auf seine Zuverlässigkeit und Fähigkeit. Diese Untersuchungen sollen thunlichst während des Betriebes und unvorbereitet erfolgen. In denjenigen Jahren, in welchen eine innere Untersuchung oder eine Wasserdruckprobe vorzunehmen ist, kommt die äußere Untersuchung in Wegfall.

b) Innere Untersuchungen.

Dieselben erfolgen bei feststehenden Kesseln alle 4, bei beweglichen Kesseln alle 3, bei Schiffsdampfkesseln alle 2 Jahre und haben sich auf die eingehende Besichtigung aller Kesseltheile zu erstrecken. Zu diesem Zwecke ist der Kessel rechtzeitig außer Betrieb zu setzen, damit er sich genügend abkühlen kann, zu entleeren und in allen Theilen innen und außen gründlich von Schlamm, Schmutz, Rost, Kesselstein, Ruß und Asche zu befreien. Etwaige Nachbarkessel, welche mit dem zu untersuchenden Kessel durch Dampf-, Speise- oder Abflußleitungen in Verbindung stehen und während der Untersuchung unter Druck sind, müssen in zuverlässiger Weise von dem zu prüfenden Kessel abgesperrt sein. Hierzu genügt es nicht, daß diese Zuleitungen durch Hähne oder Ventile abgesperrt sind, sondern es muß entweder ein Stück aus der gemeinsamen Leitung entfernt werden oder ein Blindflansch eingeschaltet sein. Diese Absperrung muß schon erfolgt sein, **bevor mit der Reinigung des Kessels begonnen wird.** Auf Verlangen des Prüfungsbeamten muß die Einmauerung oder die Ummantelung so weit entfernt werden, als dies zum Zwecke der Untersuchungen für erforderlich erachtet wird. Den Termin für die innere Untersuchung soll der Prüfungsbeamte dem Kesselbesitzer in der Regel mindestens 4 Wochen vorher mittheilen.

c) Wasserdruckproben.

Diese erfolgen bei feststehenden Kesseln alle 8, bei beweglichen und Schiffsdampfkesseln alle 6 Jahre. Sie bestehen darin, daß der Kessel nach Verschluß sämmtlicher Oeffnungen und nach erfolgter Füllung mit Wasser unter Anwendung einer Pumpe einem bestimmten Drucke ausgesetzt wird. Bei der Füllung ist darauf zu achten, daß an der höchsten Stelle des Kessels eine Oeffnung vorhanden ist, welche das Entweichen der Luft ermöglicht. Sodann ist der Kessel an eine betriebsfähige Druckpumpe anzuschließen. Auch bei der Druckprobe muß auf Erfordern des Kesselprüfers Mauerwerk und Ummantelung theilweise oder ganz entfernt werden.

Bei allen Befahrungen des Kessels und der Feuerzüge bedient man sich zweckmäßiger Weise eines Lichtes, einer Oellampe, elektrischer Glühlampen oder transportabler Gasflammen. Die Benutzung von Beleuchtungsapparaten, welche explosible Brennstoffe enthalten, wie z. B. Petroleum, Benzin, Ligroin, **sind wegen der** damit verbundenen Gefahr unter allen Umständen zu vermeiden.

Ebenfalls wegen der mit ihrer Verwendung verbundenen Explosionsgefahr sind zu vermeiden oder wenigstens nur mit der größten Vorsicht zu verwenden: alle Kesselsteinentfernungs- oder Verhütungsmittel, in welchen leicht flüchtige Bestandtheile enthalten sind, deren Gase einen explosiblen Charakter haben.

3. Außerordentliche Untersuchungen.

Werden bei einer Untersuchung erhebliche Unregelmäßigkeiten im Betriebe ermittelt, oder Schäden und Mängel vorgefunden, welche eine fortgesetzte Beobachtung erforderlich machen, so kann der Kesselprüfer für die Wiederholung der Untersuchung eine kürzere Frist ansetzen, als sonst vorgeschrieben ist. Sind die vorgefundenen Schäden so erheblich, daß eine augenblickliche Gefahr nicht ausgeschlossen erscheint, so wird der Kessel amtlich außer Betrieb gesetzt und darf nicht wieder in Betrieb genommen werden, bevor nicht die erforderliche Ausbesserung und eine nochmalige Untersuchung stattgefunden hat. §. 36 d. A.

4. Kesselexplosionen.

Von jeder vorkommenden Kesselexplosion hat der Kesselbesitzer oder dessen Stellvertreter umgehend dem Gewerbeinspektor Anzeige zu erstatten. Ist der Besitzer Mitglied eines Revisionsvereins, so hat er außerdem noch diesem Mittheilung zu machen. Eine Dampfkesselexplosion liegt vor, wenn die Wandung eines Kessels durch den Dampfkesselbetrieb eine Trennung in solchem Umfange erleidet, daß durch Ausströmung von §. 44 d. A.

Wasser und Dampf ein plötzlicher Ausgleich der Spannungen innerhalb und außerhalb des Kessels stattfindet.

Für die amtliche Prüfung explodirter Kessel sind Gebühren nicht zu entrichten.

5. Strafbestimmungen.

§ 1.*) Die Besitzer von Dampfkesselanlagen oder die an ihrer Statt zur Leitung des Betriebes bestellten Vertreter, sowie die mit der Bewartung von Dampfkesseln beauftragten Arbeiter sind verpflichtet, dafür Sorge zu tragen, daß während des Betriebes die bei Genehmigung der Anlage oder allgemein vorgeschriebenen Sicherheitsvorrichtungen bestimmungsmäßig benutzt, und Kessel, die sich nicht in gefahrlosem Zustande befinden, nicht im Betriebe erhalten werden.

Wer den ihm obliegenden, oben angegebenen Verpflichtungen zuwider handelt, verfällt in eine Geldstrafe bis zu 600 Mk. oder in eine Gefängnißstrafe bis zu 3 Monaten.

Die Besitzer von Dampfkesselanlagen sind verpflichtet, eine amtliche Revision des Betriebes durch Sachverständige zu gestatten, die zur Untersuchung der Kessel benöthigten Arbeitskräfte und Vorrichtungen bereit zu stellen und die Kosten der Revision zu tragen.

Weigert sich ein Kesselbesitzer, seinen Kessel ordnungsmäßig zur Revision zu stellen, so wird er mittelst polizeilicher Verfügung unter Strafandrohung dazu angehalten, oder der Betrieb des Kessels wird bis auf Weiteres eingestellt.

---

*) Gesetz, den Betrieb der Dampfkessel betreffend, vom 8. Mai 1872.

6. Ausnahmen.

Als Dampfkessel sind nicht anzusehen:

1. Kochgefäße, in welchen mittelst Dampfes, der einem anderweitigen Dampfentwickler entnommen ist, gekocht wird. (Vergl. Bestimmungen über Dampffässer.)
2. Dampfüberhitzer oder Behälter, in welchen Dampf, der einem anderweitigen Dampfentwickler entnommen ist, durch Einwirkung von Feuer besonders erhitzt wird.
3. Kochkessel, in welchen Dampf aus Wasser durch Einwirkung von Feuer erzeugt wird, wofern dieselben mit der Atmosphäre durch ein unverschließbares, in den Wasserraum hinabreichendes Standrohr von nicht über fünf Meter Höhe und mindestens acht Centimeter Weite oder durch eine andere von der Centralbehörde des Bundesstaates genehmigte Sicherheitsvorrichtung verbunden sind.

XI. Bestimmungen über Dampffässer.

(Polizei-Verordnung*) betr. die Einrichtung und den Betrieb von Dampffässern.)

A. Geltungsbereich.

Dampffässer sind Gefäße, deren Beschickung der mittelbaren oder unmittelbaren Einwirkung von anderweit erzeugtem, gespanntem Wasserdampf oder von Feuer ausgesetzt wird, sofern im Innern der Gefäße oder ihren den Beschickungsraum umgebenden Hohlwandungen ein höherer als der atmosphärische Druck herrscht oder erzeugt wird. §. 1.

*) Der preußischen Oberpräsidenten.

Dampffässer können also sowohl mit Dampf, der einem anderen Dampferzeuger entnommen wird, als auch unmittelbar durch Feuer erhitzt sein.

Voraussetzung ist jedoch immer, daß das Gefäß mit fester oder flüssiger Füllung (also z. B. mit Tuchen, Garnen, Farbholz, Preßplatten, Farbbrühe, Lumpen, Stroh, Holzstoff, Knochen u. A.) beschickt wird.

Es ist nicht erforderlich, daß die Gefäße geschlossene Bauart haben, sie können vielmehr auch dann als Dampffässer angesehen werden, wenn sie in offener Verbindung mit der Atmosphäre stehen.

§. 2. Als Dampffässer sind nicht anzusehen:

1. Dampfdruckgefäße, in denen gespannter Dampf erzeugt wird zum Zwecke von Kraft- oder Wärmeabgabe außerhalb des Dampferzeugers (Dampfkessel).

2. Gefäße für dampf- oder gasförmige Füllung, z. B. Dampfcylinder.

3. Wasservorwärmer, sowie Heizkessel und Heizkörper der Heizungen.

4. Dampffässer unter 150 Liter Inhalt, und solche, bei denen das Produkt aus dem Inhalt in Litern und der in dem Dampffasse herrschenden Spannung in Atmosphären-Ueberdruck weniger als 300 beträgt; bei doppelwandigen Dampffässern bei denen nur der Mantel geheizt wird, ist der Inhalt des Dampfraumes maßgebend.

5. Dampffässer, die unmittelbar mit der Atmosphäre durch ein nicht verschließbares Rohr von solcher Weite in Verbindung stehen, daß im Innern des Gefäßes oder in seinen Hohlwandungen kein

höherer Druck als $^1/_2$ Atm. Ueberdruck entsteht.

6. Dampffässer, die mit einer von der Centralbehörde gemäß §. 22 der allgemeinen polizeilichen Bestimmungen vom 5. August 1890 genehmigten derartigen Sicherheitsvorrichtung versehen sind, daß im Dampffasse keine höhere Spannung als $^1/_2$ Atm. Ueberdruck entstehen kann.

B. Beschaffenheit.

Die Wandungen und sonstigen Bestandtheile der Dampffässer müssen dem beabsichtigten Betriebsdruck entsprechend bemessen werden. §. 4.

Als Baustoff für die Wandungen und Einzeltheile dürfen Holz und Gußeisen nur da verwendet werden, wo der Betrieb es erfordert und durch ihre Verwendung Gefahren nicht hervorgerufen werden.

C. Ausrüstung.

Schrauben und Verschlüsse müssen gegen Abrutschen gesichert sein. §. 4 bis 8.

Die Dampffässer sind mit Vorrichtungen zu versehen, die gestatten, jedes einzelne für sich von der Dampfleitung abzusperren.

Feuerungen von Dampffässern sind so einzurichten, daß ihre Einwirkung auf die letzeren ohne Weiteres gehemmt werden kann.

Dampffässer müssen mit einem zuverlässigen Sicherheitsventil und Manometer versehen sein. An letzterem ist die festgesetzte höchste Betriebsspannung durch eine Marke zu bezeichnen.

Sicherheitsventil und Manometer sind an einer solchen Stelle anzubringen, daß sie durch den Inhalt des Dampffasses nicht ungangbar gemacht werden können.

Dampffässer, deren Druckspannung derjenigen des Druckerzeugers gleich ist, bedürfen keines besonderen Sicherheitsventils oder Manometers, wenn der Druckerzeuger mit den entsprechenden Sicherheitsvorrichtungen versehen ist. Dampffässer, die für einen Betriebsdruck gebaut sind, der zwei oder mehr Atmosphären geringer ist als derjenige des Druckerzeugers, müssen in der Dampfzuleitung ein Druckverminderungsventil erhalten. Wollhutfabriken kann auf ihren Antrag von dem Regierungs-Präsidenten gestattet werden, von der Anbringung dieser Druckverminderungsventile an Hut-Dekatirgefäßen Abstand zu nehmen.

An jedem zu öffnenden Dampffaß muß sich eine Vorrichtung befinden, die mit Sicherheit erkennen läßt, ob noch Druck im Dampffaß vorhanden ist. Ein Manometer genügt hierzu nicht.

Die Dampffässer müssen mit einer Einrichtung (Kontrolflansch) versehen sein, die die Anbringung des amtlichen Kontrolmanometers ermöglicht.

An den Dampffässern muß der Fassungsraum in Litern, die Firma und der Wohnort des Verfertigers, die laufende Fabriknummer und das Jahr der Herstellung sowie der gemäß §. 10 der Verordnung festgesetzte höchste Betriebsdruck in Atmosphären-Ueberdruck auf leicht erkennbare und dauerhafte Weise angegeben sein.

Die Angaben sind auf einem Schilde (Fabrikschild) anzubringen, das mit Rieten so am Dampffaß zu befestigen ist, daß es auch nach der Ummantelung oder Einmauerung des letzteren sichtbar bleibt.

Von der beabsichtigten Anlegung eines Dampffasses §. 9.
ist dem Sachverständigen unter Vorlegung von zwei Beschreibungen, welche nach einem bestimmten käuflich zu habenden Muster anzufertigen sind, und zwei Zeichnungen des Dampffasses, aus welchen die Beschaffenheit der Verschlußeinrichtungen und alle zur rechnerischen Prüfung des Dampffasses und seiner Verhältnisse erforderlichen Angaben zu ersehen sein müssen, unter Bezeichnung des Aufstellungsortes Anzeige zu erstatten.

D. Untersuchung.

Ein Dampffaß darf erst in Betrieb genommen §. 10
werden, wenn eine Bauartprüfung, Wasserdruck- bis 18.
probe und Abnahmeprüfung erfolgt ist, und wenn die diesbezüglichen Bescheinigungen dem Dampffaßbesitzer ausgehändigt worden sind. Die Prüfungen können entweder von den Gewerbe-Aufsichtsbeamten oder von einem Ingenieur eines Dampfkessel-Ueberwachungs-Vereins oder von einem anderen Sachverständigen, welcher vom Regierungs-Präsidenten zu diesen Prüfungen ermächtigt ist, vorgenommen werden. Die Wahl des Prüfers steht dem Dampffaßbesitzer frei.

Jedes zum Betriebe aufgestellte Dampffaß, es mag unausgesetzt oder nur in bestimmten Zeitabschnitten oder unter gewissen Voraussetzungen betrieben werden, ist regelmäßigen technischen Untersuchungen zu unterziehen und zwar alle 4 Jahre einer inneren Untersuchung und alle 8 Jahre einer solchen in Verbindung mit einer Wasserdruckprobe.

Zur Ausführung der Prüfungen ist der Betrieb einzustellen und das gehörig gereinigte Dampffaß zu der mit dem Sachverständigen zu vereinbarenden Zeit bereit zu stellen.

Dampffässer, die eine Hauptausbesserung erfahren haben, sind vor ihrer Wiederinbetriebnahme in der Fabrik oder am Betriebsorte einer amtlichen Wasserdruckprobe zu unterwerfen. Eine Bescheinigung über diese Prüfung, den Umfang der Reparatur und die Fabrik, die sie ausgeführt hat, ist mit dem Revisionsbuch zu verbinden.

Alle übrigen Bescheinigungen sind demselben Revisionsbuche vorzuheften.

E. Explosion.

§. 19. Von jeder Explosion eines Dampffasses ist dem für den Bezirk zuständigen Gewerbeinspektor, dem die amtliche Untersuchung dieser Unfälle obliegt und dem Sachverständigen unverzüglich Mittheilung zu machen.

F. Dampffaßwärter.

§. 20. In jedem Raume, in dem Dampffässer aufgestellt sind, ist eine Dienstvorschrift für Dampffaßwärter nach dem vorgeschriebenen Muster anzubringen, die mit der Bedienung der Dampffässer beauftragten Arbeiter sind verpflichtet, die Dienstvorschriften genau zu befolgen.

G. Strafbestimmungen.

§. 18. Dampffaßbesitzer oder ihre mit der Leitung des Betriebes beauftragten Stellvertreter, sowie die mit der Wartung der Dampffässer beauftragten Arbeiter sind verpflichtet, dafür Sorge zu tragen, daß die Dampffässer, ihre Verschraubungen und Sicherheitsvorrichtungen während des Betriebes bestimmungsgemäß benutzt, und

Dampffässer, die sich nicht in gefahrlosem Zustande befinden, nicht in Betrieb genommen oder außer Betrieb gesetzt werden.

Uebertretungen der Dampffaß-Verordnung Seitens §. 25.
der Dampffaßbesitzer oder ihrer mit der Leitung des Betriebes beauftragten Stellvertreter (§. 151 Gewerbeordnung)*) oder der mit der Wartung beauftragten Arbeiter werden, sofern nicht nach den Strafgesetzen eine höhere Strafe bedingt wird, mit Geldbuße bis zum Betrage von 60 Mark oder im Unvermögensfalle mit entsprechender Haft bestraft. Die gleiche Strafe trifft die mit der Wartung betrauten Arbeiter, wenn sie gegen die in Ausführung dieser Verordnung ergangenen Dienstvorschriften handeln.

XII. Anlage.

Reichs-Gewerbeordnung.

§. 123. Vor Ablauf der vertragsmäßigen Zeit und ohne Aufkündigung können Gesellen und Gehülfen entlassen werden:

1. wenn sie bei Abschluß des Arbeitsvertrages den Arbeitgeber durch Vorzeigung falscher oder verfälschter Arbeitsbücher oder Zeugnisse hintergangen oder ihn über das Bestehen eines anderen, sie gleichzeitig verpflichtenden Arbeitsverhältnisses in einen Irrthum versetzt haben;
2. wenn sie eines Diebstahls, einer Entwendung, einer Unterschlagung, eines Betruges oder eines liederlichen Lebenswandels sich schuldig machen;

*) Siehe Anlage.

3. wenn sie die Arbeit unbefugt verlassen haben oder sonst den nach dem Arbeitsvertrage ihnen obliegenden Verpflichtungen nachzukommen beharrlich verweigern;
4. wenn sie der Verwarnung ungeachtet mit Feuer und Licht unvorsichtig umgehen;
5. wenn sie sich Thätlichkeiten oder grobe Beleidigungen gegen den Arbeitgeber oder seine Vertreter oder gegen die Familienangehörigen des Arbeitgebers oder seiner Vertreter zu Schulden kommen lassen;
6. wenn sie einer vorsätzlichen und rechtswidrigen Sachbeschädigung zum Nachtheile des Arbeitgebers oder eines Mitarbeiters sich schuldig machen;
7. wenn sie Familienangehörige des Arbeitgebers oder seiner Vertreter oder Mitarbeiter zu Handlungen verleiten oder zu verleiten versuchen oder mit Familienangehörigen des Arbeitgebers oder seiner Vertreter Handlungen begehen, welche wider die Gesetze oder die guten Sitten verstoßen;
8. wenn sie zur Fortsetzung der Arbeit unfähig oder mit einer abschreckenden Krankheit behaftet sind.

In den unter Nr. 1 bis 7 gedachten Fällen ist die Entlassung nicht mehr zulässig, wenn die zu Grunde liegenden Thatsachen dem Arbeitgeber länger als eine Woche bekannt sind.

§. 124. Vor Ablauf der vertragsmäßigen Zeit und ohne Aufkündigung können Gesellen und Gehülfen die Arbeit verlassen:

1. wenn sie zur Fortsetzung der Arbeit unfähig werden;
2. wenn der Arbeitgeber oder seine Vertreter sich Thätlichkeiten oder grobe Beleidigungen gegen die

Arbeiter oder gegen ihre Familienangehörigen zu Schulden kommen lassen;

3. wenn der Arbeitgeber oder seine Vertreter oder Familienangehörige derselben die Arbeiter oder deren Familienangehörige zu Handlungen verleiten oder zu verleiten versuchen oder mit den Familienangehörigen der Arbeiter Handlungen begehen, welche wider die Gesetze oder die guten Sitten laufen;
4. wenn der Arbeitgeber den Arbeitern den schuldigen Lohn nicht in der bedungenen Weise auszahlt, bei Stücklohn nicht für ihre ausreichende Beschäftigung sorgt, oder wenn er sich widerrechtlicher Uebervortheilungen gegen sie schuldig macht;
5. wenn bei Fortsetzung der Arbeit das Leben oder die Gesundheit der Arbeiter einer erweislichen Gefahr ausgesetzt sein würde, welche bei Eingehung des Arbeitsvertrages nicht zu erkennen war.

In den unter Nr. 2 gedachten Fällen ist der Austritt aus der Arbeit nicht mehr zulässig, wenn die zu Grunde liegenden Thatsachen dem Arbeiter länger als eine Woche bekannt sind.

§. 127. Der Lehrherr ist verpflichtet, den Lehrling in den bei seinem Betriebe vorkommenden Arbeiten des Gewerbes dem Zwecke der Ausbildung entsprechend zu unterweisen, ihn zum Besuche der Fortbildungs- oder Fachschule anzuhalten und den Schulbesuch zu überwachen. Er muß entweder selbst oder durch einen geeigneten ausdrücklich dazu bestimmten Vertreter die Ausbildung des Lehrlings leiten, den Lehrling zu Arbeitsamkeit und zu guten Sitten anhalten und vor Ausschweifungen bewahren, er hat ihn gegen Mißhandlungen Seitens der

Arbeits- und Hausgenossen zu schützen und dafür Sorge zu tragen, daß dem Lehrlinge nicht Arbeitsverrichtungen zugewiesen werden, welche seinen körperlichen Kräften nicht angemessen sind.

Er darf dem Lehrlinge die zu seiner Ausbildung und zum Besuche des Gottesdienstes an Sonn- und Festtagen erforderliche Zeit und Gelegenheit nicht entziehen. Zu häuslichen Dienstleistungen dürfen Lehrlinge, welche im Hause des Lehrherrn weder Kost noch Wohnung erhalten, nicht herangezogen werden.

§. 127a. Der Lehrling ist der väterlichen Zucht des Lehrherrn unterworfen und dem Lehrherrn sowie demjenigen, welcher an Stelle des Lehrherrn die Ausbildung zu leiten hat, zu Folgsamkeit und Treue, zu Fleiß und anständigem Betragen verpflichtet.

Uebermäßige und unanständige Züchtigungen sowie jede die Gesundheit des Lehrlings gefährdende Behandlung sind verboten.

§. 133c. Gegenüber Betriebsbeamten, Werkmeistern, Technikern kann die Aufhebung des Dienstverhältnisses insbesondere verlangt werden:

1. wenn sie beim Abschluß des Dienstvertrages den Arbeitgeber durch Vorbringung falscher oder verfälschter Zeugnisse hintergangen oder ihn über das Bestehen eines anderen, sie gleichzeitig verpflichtenden Dienstverhältnisses in einen Irrthum versetzt haben;
2. wenn sie im Dienste untreu sind oder das Vertrauen mißbrauchen;
3. wenn sie ihren Dienst unbefugt verlassen oder den nach dem Dienstvertrage ihnen obliegenden Verpflichtungen nachzukommen, beharrlich verweigern;

4. wenn sie durch anhaltende Krankheit oder durch eine längere Freiheitsstrafe oder Abwesenheit an der Verrichtung ihrer Dienste verhindert werden;
5. wenn sie sich Thätlichkeiten oder Ehrverletzungen gegen den Arbeitgeber oder seinen Vertreter zu Schulden kommen lassen;
6. wenn sie sich einem unsittlichen Lebenswandel ergeben.

§. 133 d. Die Betriebsbeamten, Werkmeister, Techniker können die Auflösung des Dienstverhältnisses insbesondere verlangen:

1. wenn der Arbeitgeber oder seine Vertreter sich Thätlichkeiten oder Ehrverletzungen gegen sie zu Schulden kommen lassen;
2. wenn der Arbeitgeber die vertragsmäßigen Leistungen nicht gewährt;
3. wenn bei Fortsetzung des Dienstverhältnisses ihr Leben oder ihre Gesundheit einer erweislichen Gefahr ausgesetzt sein würde, welche bei Eingehung des Dienstverhältnisses nicht zu erkennen war.

§. 151. Sind bei der Ausübung des Gewerbes polizeiliche Vorschriften von Personen übertreten worden, welche der Gewerbetreibende zur Leitung des Betriebes oder eines Theils desselben oder zur Beaufsichtigung bestellt hatte, so trifft die Strafe diese letzteren. Der Gewerbetreibende ist neben denselben strafbar, wenn die Uebertretung mit seinem Vorwissen begangen ist. oder wenn er bei der nach den Verhältnissen möglichen eigenen Beaufsichtigung des Betriebes, oder bei der Auswahl oder der Beaufsichtigung der Betriebsleiter oder Aufsichtspersonen es an der erforderlichen Sorgfalt hat fehlen lassen.

Handelsgesetzbuch.

§. 62. Der Prinzipal ist verpflichtet, die Geschäftsräume und die für den Geschäftsbetrieb bestimmten Vorrichtungen und Geräthschaften so einzurichten und zu unterhalten, auch den Geschäftsbetrieb und die Arbeitzeit so zu regeln, daß der Handlungsgehülfe gegen eine Gefährdung seiner Gesundheit, soweit die Natur des Betriebes es gestattet, geschützt und die Aufrechterhaltung der guten Sitten und des Anstandes gesichert ist.

Ist der Handlungsgehülfe in die häusliche Gemeinschaft aufgenommen, so hat der Prinzipal in Ansehung des Wohn- und Schlafraumes, der Verpflegung, sowie der Arbeits- und Erholungszeit diejenigen Einrichtungen und Anordnungen zu treffen, welche mit Rücksicht auf die Gesundheit, die Sittlichkeit und die Religion des Handlungsgehülfen erforderlich sind.

§. 63. Wird der Handlungsgehülfe durch unverschuldetes Unglück an der Leistung der Dienste verhindert, so behält er seinen Anspruch auf Gehalt und Unterhalt, jedoch nicht über die Dauer von sechs Wochen hinaus.

Der Handlungsgehülfe ist nicht verpflichtet, sich den Betrag anrechnen zu lassen, der ihm für die Zeit der Verhinderung aus einer Kranken- oder Unfallversicherung zukommt. Eine Vereinbarung, welche dieser Vorschrift zuwiderläuft, ist nichtig.

§. 64. Die Zahlung des dem Handlungsgehülfen zukommenden Gehalts hat am Schlusse jedes Monats zu erfolgen. Eine Vereinbarung, nach der die Zahlung des Gehalts später erfolgen soll, ist nichtig.

§. 66. Das Dienstverhältniß zwischen dem Prinzipal

und dem Handlungsgehülfen kann, wenn es für unbestimmte Zeit eingegangen ist, von jedem Theile für den Schluß eines Kalendervierteljahres unter Einhaltung einer Kündigungsfrist von 6 Wochen gekündigt werden.

§. 67. Wird durch Vertrag eine kürzere oder längere Kündigungsfrist bedungen, so muß sie für beide Theile gleich sein; sie darf nicht weniger als einen Monat betragen.

Die Kündigung kann nur für den Schluß eines Kalendermonats zugelassen werden.

§. 68. Die Vorschriften des §. 67 finden keine Anwendung, wenn der Handlungsgehülfe ein Gehalt von mindestens 5000 Mk. für das Jahr bezieht.

Sie bleiben ferner außer Anwendung, wenn der Handlungsgehülfe für eine außereuropäische Handelsniederlassung angenommen ist und nach dem Vertrage der Prinzipal für den Fall, daß er das Dienstverhältniß kündigt, die Kosten der Rückreise des Handlungsgehülfen zu tragen hat.

§. 69. Wird ein Handlungsgehülfe nur zu vorübergehender Aushülfe angenommen, so finden die Vorschriften des §. 67 keine Anwendung, es sei denn, daß das Dienstverhältniß über die Zeit von 3 Monaten hinaus fortgesetzt wird. Die Kündigungsfrist muß jedoch auch in einem solchen Falle für beide Theile gleich sein.

§. 70. Das Dienstverhältniß kann von jedem Theile ohne Einhaltung einer Kündigungsfrist gekündigt werden, wenn ein wichtiger Grund vorliegt.

§. 71. Als ein wichtiger Grund, der den Handlungsgehülfen zur Kündigung ohne Einhaltung einer Kündigungsfrist berechtigt, ist es, sofern nicht besondere Umstände eine andere Beurtheilung rechtfertigen, namentlich anzusehen:

1. wenn der Handlungsgehülfe zur Fortsetzung seiner Dienste unfähig wird;
2. wenn der Prinzipal den Gehalt oder den gebührenden Unterhalt nicht gewährt;
3. wenn der Prinzipal den ihm nach §. 62 des Handelsgesetzbuches obliegenden Verpflichtungen nachzukommen verweigert;
4. wenn sich der Prinzipal Thätlichkeiten, erhebliche Ehrverletzungen oder unsittliche Zumuthungen gegen den Handlungsgehülfen zu Schulden kommen läßt, oder es verweigert, den Handlungsgehülfen gegen solche Handlungen eines anderen Angestellten oder eines Familienangehörigen des Prinzipals zu schützen.

§. 72. Als ein wichtiger Grund, der den Prinzipal zur Kündigung ohne Einhaltung einer Kündigungsfrist berechtigt, ist es, sofern nicht besondere Umstände eine andere Beurtheilung rechtfertigen, namentlich anzusehen:

1. wenn der Handlungsgehülfe im Dienste untreu ist oder das Vertrauen mißbraucht oder die ihm nach §. 60 obliegende Verpflichtung verletzt;
2. wenn er seinen Dienst während einer den Umständen nach erheblichen Zeit unbefugt verläßt oder sich beharrlich weigert, seinen Dienstverpflichtungen nachzukommen;
3. wenn er durch anhaltende Krankheit, durch eine längere Freiheitsstrafe oder Abwesenheit oder durch eine die Zeit von acht Wochen übersteigende mili-

tärische Dienstleistung an der Verrichtung seiner Dienste verhindert wird;

4. wenn er sich Thätlichkeiten oder erhebliche Ehrverletzungen gegen den Prinzipal oder dessen Vertreter zu Schulden kommen läßt.

Erfolgt die Kündigung, weil der Handlungsgehülfe durch unverschuldetes Unglück längere Zeit an der Verrichtung seiner Dienste verhindert ist, so wird dadurch der im §. 63 bezeichnete Anspruch des Gehülfen nicht berührt.

Bestimmungen über die Sonntagsruhe

für Gewerbe, deren vollständige oder theilweise Ausübung an Sonn- und Festtagen zur Befriedigung täglicher oder an diesen Tagen besonders hervortretender Bedürfnisse der Bevölkerung erforderlich ist.

A. Blumenbindereien.

Es wird die Beschäftigung von Arbeitern an allen Sonn- und Festtagen mit dem Zusammenstellen und Binden von Blumen und Pflanzen, Winden von Kränzen u. dergl. während der für den Verkauf von Blumen in offenen Verkaufsstellen freigegebenen Stunden und außerdem für zwei Stunden vor dem Beginn des Verkaufs, aber nicht während der Zeit des Hauptgottesdienstes gestattet. Eine Beschäftigung von Arbeitern nach Schluß der für den Verkauf freigegebenen Zeit darf für nicht mehr als 12 Sonn- oder Festtage im Jahre nur für solche Arbeiten gestattet werden, die erforderlich sind, um auf vorherige Bestellung Blumen und Pflanzen zur Ausschmückung für Feste und Feierlichkeiten, die an den

Sonn- und Festtagen nach Schluß der Verkaufszeit stattfinden, an dem Ort des Festes oder der Feierlichkeit sachgemäß anzubringen.

Bedingung: Wenn die Sonntagsarbeiten länger als drei Stunden dauern, so sind die Arbeiter entweder an jedem dritten Sonntag für volle 36 Stunden, oder an jedem zweiten Sonntag mindestens in der Zeit von 6 Uhr Morgens bis 6 Uhr Abends, oder in jeder Woche während der zweiten Hälfte eines Arbeitstages, und zwar spätestens von 1 Uhr Nachmittags ab, von jeder Arbeit freizulassen.

B. Gasanstalten und Elektricitätswerke.

Es wird die Beschäftigung von Arbeitern an allen Sonn- und Festtagen mit Arbeiten, die für den Betrieb unerläßlich sind, gestattet.

Bedingung: Die den Arbeitern zu gewährende Ruhe hat mindestens zu dauern: entweder für jeden zweiten Sonntag 24 Stunden, oder für jeden dritten Sonntag 36 Stunden, oder, sofern an den übrigen Sonntagen die Arbeitsschichten nicht länger als 12 Stunden dauern, für jeden vierten Sonntag 36 Stunden. Ablösungsmannschaften dürfen je 12 Stunden vor und nach ihrer regelmäßigen Beschäftigung zur Arbeit nicht verwendet werden. Die den Ablösungsmannschaften zu gewährende Ruhe muß das Mindestmaß der den abgelösten Arbeitern gewährten Ruhe erreichen.

C. Bäcker- und Konditorgewerbe.

1. Die Beschäftigung von Arbeitern wird an allen Sonn- und Festtagen während 10 Stunden gestattet.

Bedingung: Jedem Arbeiter ist an jedem Sonn-

und Festtage eine ununterbrochene Ruhe von 14 Stunden in Bäckereien, von 12 Stunden in Konditoreien zu gewähren. Der Beginn dieser Ruhezeit ist in Bäckereien frühestens von 12 Uhr Nachts, spätestens von 8 Uhr Morgens, in Konditoreien frühestens von 12 Uhr Nachts, spätestens von 1 Uhr Mittags ab zu rechnen.

Ferner ist jedem Arbeiter mindestens an jedem dritten Sonntage die zum Besuch des Gottesdienstes erforderliche Zeit freizugeben.

2. Diejenigen Arbeiter, welchen nach der Bestimmung zu 1 eine Ruhezeit von 14 bezw. 12 Stunden zusteht, dürfen während dieser Ruhezeit beschäftigt werden:

a) in Bäckereien mit Arbeiten, die zur Vorbereitung der Wiederaufnahme der regelmäßigen Arbeit am nächsten Tage nothwendig sind, sofern sie nach 6 Uhr Abends stattfinden und nicht länger als eine Stunde dauern,

b) in Konditoreien mit der Herstellung und dem Austragen leicht verderblicher Waaren, die unmittelbar vor dem Genuß hergestellt werden müssen (Eis, Crêmes u. dergl.).

Bedingung zu b: Sind in Konditoreien Arbeiter noch nach 12 Uhr Mittags beschäftigt worden, so müssen sie an einem der nächsten sechs Werktage von Mittags 12 Uhr ab von jeder Arbeit freigelassen werden.

3. Für Gemeinden, in denen die Bäcker ortsüblich an Sonn- und Festtagen für ihre Kunden das Ausbacken der von diesen bereiteten Kuchen oder das Braten von Fleisch besorgen, kann von der unteren Verwaltungsbehörde gestattet werden, daß in jedem Betriebe ein über 16 Jahre alter Arbeiter mit jenen Arbeiten während

höchstens drei Vormittagsstunden über die unter Ziffer 1 freigegebene Zeit hinaus beschäftigt wird.

4. Für Betriebe, in denen sowohl Bäckerwaaren, als Konditorwaaren hergestellt werden, ist die Beschäftigung solcher Arbeiter, die an Sonn- und Festtagen ausschließlich mit der Herstellung von Konditorwaaren beschäftigt werden, nach den Bestimmungen für Konditoreien, die Beschäftigung der übrigen Arbeiter nach den Bestimmungen für Bäckereien zu regeln.

Als Bäckerwaare ist dasjenige Backwerk zu behandeln, welches herkömmlich unter Verwendung von Hefe oder Sauerteig ohne Beimischung von Zucker zum Teig hergestellt wird. Indessen wird vorbehalten, im Bedürfnißfalle für den Umfang des ganzen Regierungsbezirkes oder einzelne Theile desselben Bestimmung darüber zu treffen, ob abweichend hiervon eine Waare ortsüblich zu den Bäckerwaaren zu rechnen ist.

D. Fleischergewerbe.

Es wird die Beschäftigung von Arbeitern an allen Sonn- und Festtagen für 3 Stunden, welche bis zum Beginn der für den Hauptgottesdienst festgesetzten Unterbrechung der Verkaufszeit im Handelsgewerbe reichen dürfen, gestattet.

Wo nach den besonderen örtlichen Verhältnissen diese dreistündige Arbeitszeit nicht ausreichen sollte, wird vorbehalten, ausnahmsweise noch zwei weitere, vor den Beginn des Hauptgottesdienstes fallende Stunden freizugeben.

Bedingung: wie zu a.

E. Barbier- und Friseurgewerbe.

Es wird die Beschäftigung von Arbeitern an allen

Sonn- und Festtagen im Allgemeinen nur bis 2 Uhr Nachmittags, darüber hinaus aber noch insoweit gestattet, als sie bei der Vorbereitung von öffentlichen Theatervorstellungen und Schaustellungen erforderlich ist.

Bedingung: Wenn die Sonntagsarbeiten länger als drei Stunden dauern, so sind die Arbeiter entweder an jedem dritten Sonntag für volle 36 Stunden oder an jedem zweiten Sonntag mindestens in der Zeit von 6 Uhr Morgens bis 6 Uhr Abends oder in jeder Woche während der zweiten Hälfte eines Arbeitstages, und zwar spätestens von 1 Uhr Nachmittags ab, von jeder Arbeit freizulassen.

Wenn die Arbeiter durch die Sonntagsarbeiten am Besuch des Gottesdienstes behindert werden, so ist ihnen an jedem dritten Sonntag die zum Besuch des Gottesdienstes erforderliche Zeit freizugeben.

F. Wasserversorgungsanstalten.

Es wird die Beschäftigung von Arbeitern an allen Sonn- und Festtagen mit Arbeiten, die für den Betrieb unerläßlich sind, gestattet.

Bedingung: Bei bloßem Tagesbetrieb wie zu e, bei ununterbrochenem Betrieb wie zu b.

G. Badeanstalten.

Es wird die Beschäftigung von Arbeitern an allen Sonn- und Festtagen gestattet.

Bedingung für diejenigen Badeanstalten, die nicht nur in der wärmeren Jahreszeit betrieben werden: wie zu e.

Soweit die Badeanstalten zu Heilzwecken bestimmt sind, finden auf sie, wie auf Heilanstalten überhaupt, die

Bestimmungen der Gewerbeordnung über die Sonntagsruhe keine Anwendung.

H. Zeitungsdruckereien.

1. Es wird die Beschäftigung von Arbeitern an allen Sonn- und Festtagen mit Ausnahme des zweiten Weihnachts-, Oster- und Pfingstfeiertages bis 6 Uhr Morgens zur Herstellung der Morgenausgabe gestattet.

Bedingung: Nach Herstellung dieser Ausgabe muß der Betrieb bis um 6 Uhr Morgens des folgenden Werktages ruhen.

2. Soweit der Vertrieb der Zeitungen nicht durch besondere Spediteure stattfindet, sondern einen Theil des Zeitungsdruckereibetriebes bildet, werden dafür die nach den Bestimmungen, betreffend die Sonntagsruhe im Handelsgewerbe, für die Zeitungsspedition zulässigen Arbeitszeiten gewährt.

Bedingung: Beim Vertrieb der Zeitungen an Sonn- und Festtagen dürfen Personen, die bei der Herstellung der Morgenausgabe beschäftigt gewesen sind, nicht Verwendung finden.

J. Anstalten zur Mittheilung telegraphischer Nachrichten an Abonnenten.

Es wird die Beschäftigung von Arbeitern an allen Sonn- und Festtagen mit Arbeiten, die für den Betrieb unerläßlich sind, gestattet.

Bedingung: wie zu e.

K. Photographische Anstalten.

Es wird die Beschäftigurg von Arbeitern gestattet:

1. an den letzten vier Sonntagen vor Weihnachten

zum Zwecke der Aufnahme von Porträts, des Kopirens und Retouchirens für 10 Stunden bis spätestens 7 Uhr Abends,

2. an allen übrigen Sonn- und Festtagen zum Zwecke der Aufnahme von Porträts im Sommerhalbjahr für 6 Stunden bis spätestens um 5 Uhr Nachmittags, im Winterhalbjahr für 5 Stunden bis spätestens um 3 Uhr Nachmittags.

Die Ausnahme unter 2 findet keine Anwendung auf den ersten Weihnachts-, Oster- und Pfingstfeiertag.

Bedingung: wie zu E.

L. Gewerbe der Köche.

Es wird die Beschäftigung von Arbeitern an allen Sonn- und Festtagen gestattet.

Bedingung: wie zu E.

M. Bierbrauereien, Eisfabriken, Molkereien.

Es wird die Versorgung der Kundschaft mit Bier, Roheis und Molkereiprodukten an Sonn- und Festtagen während der für den Handel mit diesen Gegenständen freigegebenen Stunden gestattet.

N. Mineralwasserfabriken.

Es wird in der wärmeren Jahreszeit für 3 Stunden vor dem Beginn des Hauptgottesdienstes die Beschäftigung von Arbeitern mit solchen Arbeiten gestattet, die zur Versorgung der Kundschaft erforderlich sind.

0. Bekleidungs- und Reinigungsgewerbe mit handwerksmäßigem Betriebe.

Es wird die Ablieferung bestellter Arbeiten an die Kunden bis zum Beginn der für den Hauptgottesdienst festgesetzten Unterbrechung der Verkaufszeit im Handelsgewerbe gestattet.

Bekanntmachung, betreffend den Betrieb von Getreidemühlen.

Vom 26. April 1899.

I.

1. In Getreidemühlen ist den Gehülfen und Lehrlingen innerhalb der auf den Beginn ihrer Arbeit folgenden vierundzwanzig Stunden eine ununterbrochene Ruhezeit von mindestens 8 Stunden zu gewähren. Werden die Getreidemühlen ausschließlich oder vorwiegend mit Dampfkraft betrieben, so hat die ununterbrochene Ruhezeit mindestens 10 Stunden zu betragen. Bei Betrieben mit regelmäßiger Tag- und Nachtschicht kann die Ruhezeit an Sonntagen, an denen auf Grund der §§. 105e Abs. 1, 105f Abs. 1 der Gewerbeordnung Ausnahmen von den im §. 105b Abs. 1 a. a. O. getroffenen Bestimmungen zugelassen sind, insoweit beschränkt werden, als die Durchführung des wöchentlichen Schichtwechsels es erforderlich macht.

Auf Getreidemühlen, in deren Betrieb ausschließlich Wind als Betriebskraft benutzt wird, finden diese Vorschriften keine Anwendung.

Für Getreidemühlen, welche ausschließlich mit durch unregelmäßige Wasserkraft bewegten Triebwerken arbeiten und nicht mehr als einen Gehülfen beschäftigen, können durch die untere Verwaltungsbehörde Ausnahmen von der vorgeschriebenen Ruhezeit an höchstens 15 Tagen im Jahre zugelassen werden.

2. Lehrlinge unter 16 Jahren dürfen in Getreidemühlen aller Art nicht in der Nachtzeit von 8½ Uhr Abends bis 5½ Uhr Morgens beschäftigt werden.

II.

Als Gehülfen und Lehrlinge im Sinne der vorstehenden Bestimmungen gelten solche Personen, welche bei der Bedienung der Mahlgänge beschäftigt werden. Dabei gelten Personen unter 16 Jahren, welche die Ausbildung zum Gehülfen nicht erreicht haben, auch dann als Lehrlinge, wenn ein Lehrvertrag nicht abgeschlossen ist.

	In Schleifer- und Polirerwerkstätten der Glas-, Stein- und Metallverarbeitung	In Werkstätten mit 10 oder mehr Arbeitern	In W
	a.	b.	
Es können beschäftigt werden: Kinder unter 13 Jahren	nicht	nicht	
Nicht mehr schulpflichtige Kinder von 13 bis 14 Jahren	6 Stunden	10 Stunden	
Jugendliche Arbeiter von 14 bis 16 Jahren	10 Stunden	10 Stunden	
Es müssen denselben Pausen gewährt werden	Kindern $^1/_2$ Stunde, jugendlichen Arbeitern wie zu b, c oder d	Mittags 1 Std., Vor- und Nachmittags je $^1/_2$, oder bei 8stündiger Arbeitszeit Mittags 1 Stunde	Mitta Nachm tags 1 Arbei
Die Beschäftigung zwischen $8^1/_2$ Uhr Abds. u. $5^1/_2$ Uhr Morgens (Nachtarbeit) ist für jugendl. Arbeiter u. Arbeiterinnen	verboten	verboten	
Die Beschäftigung von jugendl. Arbeitern an Sonn- und Festtagen ist	verboten	verboten	
Ein Verzeichniß der jugendlichen Arbeiter ist auszuhängen	nur wenn 10 oder mehr Arbeiter beschäftigt werden	ja	
Ein Auszug der Bestimmungen über Motorbetrieb ist auszuhängen	in Handwerksbetrieben nicht	ja	
Anzeige an Ortspolizeibehörde ist nothwendig	in Handwerksbetrieben nicht	ja	
Tägliche Beschäftigungszeit der Arbeiterinnen	11 Stunden	11 Stunden	
Arbeitszeit derselben an den Vorabenden der Sonn- und Festtage	10 Stunden, Ende $5^1/_2$ Uhr Nachm.	10 Stunden (Ende Nachmittags $5^1/_2$ Uhr)	(Ver
Gewährung einer 1 bis $1^1/_2$stündigen Mittagspause für Arbeiterinnen	ja	ja	
Wöchnerinnenschutz	gilt	gilt	

*) Mit weniger als 10 Arbeitern.

er	In Werkstätten des Handwerks mit weniger als 10 Arbeitern	In Werkstätten mit Wasserbetrieb	In Werkstätten des Handwerks mit Wasserbetrieb.*)
	d.	e.	f
	nicht	nicht	nicht
	männliche unbeschränkt, weibliche 10 Stunden	von $5^{1}/_{2}$ Uhr Morgens bis $8^{1}/_{2}$ Uhr Abends	unbeschränkt
	männliche unbeschränkt, weibliche 10 Stunden	von $5^{1}/_{2}$ Uhr Morgens bis $8^{1}/_{2}$ Uhr Abends	unbeschränkt
d t= d. d.	den männlichen gar keine, den weiblichen wie zu c	gar keine	gar keine
	für männliche jugendliche gestattet für weibliche jugendliche verboten für Arbeiterinnen verboten	verboten	gestattet
	verboten	verboten	verboten
	nein	nein	nein
	nein	ja	nein
	nein	ja	nein
	11 Stunden	$5^{1}/_{2}$ Uhr Morgens bis $8^{1}/_{2}$ Uhr Abends	unbeschränkt
)	wie zu b (Vergleiche aber Ausnahmen)	Wie an anderen Wochentagen von $5^{1}/_{2}$ Uhr Morgens bis $8^{1}/_{2}$ Uhr Abends	unbeschränkt
	ja	Es muß den Arbeiterinnen mit eigenem Haushalte nur gestattet werden, $^{1}/_{2}$ Std. vor der Mittagspause der übrigen Arbeiterinnen zu gehen, wenn die Mittagspause nicht $1^{1}/_{2}$ Std. beträgt	wie zu e
	gilt	gilt	gilt

Ausnahmsweise können beschäftigt werden:	In Schleifer- und Polirerwerkstätten der Glas-, Stein- und Metallverarbeitung a.	In Werkstätt mehr
§. 139 Abs. 1. Kinder und jugendliche Arbeiter länger als 6 oder 10 Stunden		Durch Verwaltu für 14
Kinder und jugendliche Arbeiter in der Nacht	Wenn 10 oder mehr	durch
Kinder und jugendliche Arbeiter mit anderweiter Regelung der Pausen	Arbeiter	Verwaltu für 4
Kinder und jugendliche Arbeiter an Sonn- und Festtagen	beschäftigt werden	durch R für läng
§. 139 Abs. 2. Kinder und jugendliche Arbeiter mit anderweiter Regelung der Pausen	wie zu b,	Durch waltun
Kinder und jugendliche Arbeiter Nachts und Sonntags	bei weniger als 10 Arbeitern	durch R
Arbeiterinnen in der Nacht		Durch Verwalt
§. 189 Abs. 1. Arbeiterinnen an den Vorabenden der Sonn- und Festtage nach 5½ Uhr Nachmittags	wie zu c,	für 1 durch
Arbeiterinnen länger als 11 Stunden, Arbeiterinnen länger als 10 Stunden an den Vorabenden der Sonn- und Festtage	wenn es Handwerksbetriebe	Verwalt für 4 durch R
Arbeiterinnen mit kürzerer Mittagspause	sind,	für län
§. 189 Abs. 2. Arbeiterinnen in der Nacht		Durch
Arbeiterinnen nach 5½ Uhr Nachmittags an den Vorabenden der Sonn- und Festtage		
Arbeiterinnen mit kürzerer Mittagspause		durch höh. V
§. 188a. Arbeiterinnen an den Wochentagen außer Sonnabends bis 10 Uhr Abends und bis zu 18 Stunden.	wie zu d	Auf die Daue (bis 40 Tage i. Verwaltungsb durch höh. V

*) In Werkstätten mit 10 oder mehr Arbeitern können Ausnahmen nach §§ 138a, 139 (S. 70—72) gewährt werd

**) Mit weniger als 10 Arbeitern.

Werkstätten mit weniger als 10 Arbeitern c.	In Werkstätten des Handwerks mit weniger als 10 Arbeitern d.	In Werkstätten mit Wasserbetrieb mit weniger als 10 Arbeitern*) e.	In Werkstätten des Handwerks mit Wasserbetrieb f. **)
urch Ortspolizeibehörde für 14 Tage,	Wie zu c bezüglich der weiblichen jugendlichen Arbeiter.		unbeschränkte Arbeitszeit
durch untere Verwaltungsbehörde für 4 Wochen,	Wie zu c bezüglich der weiblichen jugendlichen Arbeiter.	Durch Ortspolizeibeh. 14 Tage, durch unt. Verwaltgsb. 4 Woch., durch höh. Verwaltgsb. länger.	gestattet
durch höhere Verwaltungsbehörde	Wie zu c bezüglich der weiblichen jugendlichen Arbeiter.		gestattet
für längere Zeit.	Durch Ortspolizeibeh. 14 Tage, durch unt. Verwaltgsb. 4 Woch., durch höh. Verwaltgsb. länger.	wie zu d	wie zu d
Durch untere Verwaltungsbehörde,	Wie zu c bezüglich der weiblichen jugendl. Arbeiter.		
durch höhere Verwaltungsbehörde.	wie zu c	wie zu c	Sonntags wie zu d
urch Ortspolizeibehörde für 14 Tage, durch untere Verwaltungsbehörde für 4 Wochen, durch höhere Verwaltungsbehörde für längere Zeit.	wie zu c	wie zu c	unbeschränkt gestattet
Durch höhere Verwaltungsbehörde, untere Verwaltungsbeh.	wie zu c	wie zu c	
zu 40 Tagen ohne Er-ubniß (einschließlich nnabend), über 40 Tage h untere Verwaltungsbeh.	wie zu c	wie zu c	wie zu c

Sachregister.

Die Zahlen bedeuten die Seiten.

A.

Die Zahlen bedeuten die Seiten.

C.

Die Zahlen bedeuten die Seiten.

D.

E.

F.

G.

Die Zahlen bedeuten die Seiten.

Die Zahlen bedeuten die Seiten.

N.

O.

P.

Die Zahlen bedeuten die Seiten.

Q.

R.

T.

Die Zahlen bedeuten die Seiten.

U.

V.

Die Zahlen bedeuten die Seiten.

Druck von A. W. Hayn's Erben, Berlin und Potsdam.

Verzeichniß

der

Guttentag'schen Sammlung

Deutscher Reichsgesetze

und

Preußischer Gesetze.

Text-Ausgaben mit Anmerkungen und Sachregister.

Taschenformat.

Berlin.
J. Guttentag, Verlagsbuchhandlung,
G. m. b. H.

Guttentag'sche Sammlung

Deutscher Reichsgesetze.

Text-Ausgaben mit Anmerkungen. Taschenformat.

---

1. **Verfassung** des Deutschen Reichs. Gegeben Berlin, den 16. April 1871. Von Dr. **L. von Rönne.** Achte neubearbeitete Auflage von **Paul von Rönne,** Landrath. 1 M. 60 Pf.

2. **Strafgesetzbuch** für das Deutsche Reich. Nebst den gebräuchlichsten Reichs-Strafgesetzen: Presse, Personenstand, Nahrungsmittel, Entziehung elektrischer Arbeit, Kranken-, Unfall-, Invalidenversicherung, Gewerbeordnung, unlauterer Wettbewerb, Depot- und Börsengesetz u. s. w. Von Dr. **H. Rüdorff.** Zwanzigste Auflage von Dr. **H. Appelius,** Kammergerichtsrath. Gebunden in ganz Leinen 1 M. 20 Pf.

3. **Militärstrafgerichtsordnung** nebst Einführungsgesetz und Gesetz, betr. die Dienstvergehen der richterlichen Militärjustizbeamten und die unfreiwillige Versetzung derselben in eine andere Stelle oder in den Ruhestand. Von Dr. **P. Herz,** Geh. Admiralitätsrath. Zweite Auflage. Geb. in ganz Leinen 3 M.

4. **Handelsgesetzbuch vom 10. Mai 1897 unter Ausschluß des Seerechts.** Mit den ergänzenden Vorschriften des Bürgerlichen Gesetzbuchs und Erläuterungen herausgegeben von **F. Litthauer,** Justizrath. Zwölfte Auflage. Geb. in ganz Leinen 2 M. 80 Pf.

5. Allgemeine Deutsche **Wechselordnung.** Siebente Auflage von Dr. **E. Ball,** Rechtsanwalt, und das Reichsgesetz über die **Wechselstempelsteuer.** Sechste Auflage von Reg.-Assessor **P. Loeck.** 1897. 2 M.
Neue Auflage in Vorbereitung.

6. **Gewerbeordnung** für das Deutsche Reich in der Fassung der Bekanntmachung vom 26. Juli 1900 nebst Ausführungsbestimmungen. Von **T. Ph. Berger,** fortgeführt von Dr. **Wilhelmi,** Geh. Ober-Regierungsrath. Sechszehnte vermehrte Auflage. Im Druck.

7. Die deutsche **Post- und Telegraphen-Gesetzgebung.** Nebst dem Weltpostvertrag und dem internationalen Telegraphenvertrag. Von Dr. **P. D. Fischer,** Unterstaatssekretär im Reichs-Postamt. Vierte Auflage. 1895. 2 M. 60 Pf.

8. Die Reichsgesetze über den **Unterstützungswohnsitz** in der Fassung der Novelle vom 12. März 1894 die **Freizügigkeit,** den **Erwerb** und **Verlust** der

Bundes- und Staatsangehörigkeit, nebst allen landesgesetzlichen Bestimmungen. Von Geheimrath Dr. **J. Krech,** Mitglied des Bundesamtes für das Heimathwesen. Vierte Auflage. 2 M. 25 Pf.

9a. Sammlung **kleinerer privatrechtlicher Reichsgesetze.** Von **F. Vierhaus,** Geh. Ober-Justizrath. Zweite Auflage in Vorbereitung.

9b. Sammlung **kleinerer strafrechtlicher Reichsgesetze.** Von **M. Werner,** Geh. Ober-Regierungsrath. Zweite Auflage im Druck.

10. Das **Reichsbeamtengesetz** vom 31. März 1873 und seine Ergänzungen. Erläutert von **J. Pieper,** Geh. Ober-Regierungsrath. 3 M. 30 Pf.

11. **Civilprozeßordnung mit Einführungsgesetzen,** Nebengesetzen und Ergänzungen. In der Fassung des Gesetzes vom 17. Mai 1898. Unter besonderer Berücksichtigung der Entscheidungen des Reichsgerichts herausgegeben mit Anmerkungen von **R. Sydow,** Direktor im Reichs-Postamt und **L. Busch,** Kammergerichtsrath. Achte Auflage. 8°. Geb. in ganz Leinen **4 M.**

Dieser Band ist in größerem Format erschienen!

12. **Strafprozeßordnung und Gerichtsverfassungsgesetz** in der vom 1. Januar 1900 ab geltenden Fassung, **nebst dem Gesetz, betreffend die Entschädigung der im Wiederaufnahmeverfahren freigesprochenen Personen.** Von **A. Hellweg,** Reichsgerichtsrath. Elfte Auflage. Geb. in ganz Leinen 2 M.

13. **Konkursordnung und Anfechtungsgesetz mit Einführungs- und Nebengesetzen.** In der Fassung der Gesetze vom 17. Mai 1898. **Unter besonderer Berücksichtigung der Entscheidungen des Reichsgerichts herausgegeben mit Anmerkungen von R. Sydow,** Direktor im Reichs-Postamt und **L. Busch,** Kammergerichtsrath. Achte Auflage. Geb. in ganz Leinen 1 M. 80 Pf.

14. **Gerichtsverfassungsgesetz** mit Einführungsgesetz, Nebengesetzen und Ergänzungen. In der Fassung des Gesetzes vom 17. Mai 1898. Unter Berücksichtigung der Entscheidungen des Reichsgerichts herausgegeben **von R. Sydow,** Direktor im Reichs-Postamt und **L. Busch,** Kammergerichtsrath. A te Auflage. 1 M. 20 Pf.

15. **Das deutsche Gerichtskostengesetz nebst den Gebührenordnungen für Gerichtsvollzieher, Zeugen und Sachverständige.** In der Fassung vom 20. Mai 1898. **Unter** besonderer Berücksichtigung der Entscheidungen

des Reichsgerichtes herausgegeben mit Anmerkungen und Kostentabellen von **R. Sydow,** Direktor im Reichspostamt und **L. Busch,** Kammergerichtsrath. Sechste vermehrte Auflage. Geb. in ganz Leinen 1 M. 50 Pf.

16. **Rechtsanwaltsordnung.** Von **R. Sydow,** Direktor im Reichspostamt. Vierte Auflage von Dr. **E. Mosler,** Gerichtsassessor. Geb. in ganz Leinen 1 M. 20 Pf.

17. Die **Deutsche Gebührenordnung für Rechtsanwälte und das Preußische Gebührengesetz** vom 27. September/6. Oktober 1899. Von **R. Sydow,** Direktor im Reichspostamt und **L. Busch,** Kammergerichtsrath. Sechste Auflage. Geb. in ganz Leinen 1 M. 50 Pf.

18. **Reichsstempelgesetz (Börsensteuergesetz)** v. 14. Juni 1900, mit den Ausführungsbestimmungen, einem Auszug aus den Gesetzes-Materialien und den Entscheidungen der Verwaltungsbehörden und des Reichsgerichts. Achte Auflage von **P. Loeck,** Regierungsrath. Geb. in ganz Leinen 3 M. 30 Pf.

19. Die **Seegesetzgebung** des Deutschen Reiches. Nebst den Entscheidungen des Reichsoberhandelsgerichts, des Reichsgerichts und der Seeämter. Von Dr. **W. E. Knitschky,** Landgerichtsrath. Zweite Auflage. 3 M. 80 Pf.

20. **Krankenversicherungsgesetz** vom 15. Juni 1883 in der Fassung der Novelle vom 10. April 1892. Von Dr. **E. von Woedtke,** Direktor im Reichsamt des Innern. Siebente Auflage. 2 M.

21. Die **Konsulargesetzgebung** des Deutschen Reiches. Von Professor Dr. **Ph. Zorn.** Zweite Auflage im Druck.

22a. **Patentgesetz. Gesetz, betreffend den Schutz von Gebrauchsmustern. Gesetz, betreffend das Urheberrecht an Mustern und Modellen.** Nebst Ausführungsbestimmungen unter eingehender Berücksichtigung der Rechtsprechung des Reichsgerichts und der Praxis des Patentamts. Erläutert von Dr. **R. Stephan,** Regierungsrath, Mitglied des Kaiserlichen Patentamts. Fünfte vermehrte Auflage. Geb. in ganz Leinen 2 M.

22b. **Gesetz zum Schutz der Waarenbezeichnungen.** Nebst Ausführungsbestimmungen. Von Dr. **R. Stephan,** Regierungsrath, Mitglied des Kaiserlichen Patentamts. Vierte vermehrte Auflage. 1 M.

23. **Gewerbe-Unfallversicherungsgesetz** und Gesetz, betr. die Abänderung der Unfallversicherungsgesetze vom 30. Juni 1900 in der Fassung der Bekanntmachung vom 5. Juli 1900 nebst Ausführungsverordnungen. Von Dr. **E. v. Woedtke,** Direktor im Reichsamt des Innern. Sechste umgearbeitete Auflage. Geb. in ganz Leinen 2 M. 50 Pf.

24. **Aktiengesellschaft und Kommanditgesellschaften auf Aktien.** (Handelsgesetzbuch, II. Buch, Abschnitt 3 und 4.) Mit erläuternden Anmerkungen von **H. Keyssner,** Kammergerichtsrath und Dr. **H. Ve't Simon,** Rechtsanwalt. Fünfte Auflage. Bearbeitet von Dr. **Hugo Keyssner** u. **L. Keyssner.** Geb. in ganz Leinen 2 M. 25 Pf.

25. **Reichsgesetz** wegen **Erhebung der Brausteuer** vom 31. Mai 1872 mit Ausführungsvorschriften. Von **E. Bertho,** Regierungsrath. 1885. 1 M. 60 Pf.

26. Die Reichsgesetzgebung "ber **Münz- und Notenbankwesen,** Papiergeld, Prämienpapiere und Reichsschulden. Von Dr. jur. **R. Koch,** Präsident des Reichsbankdirektoriums. Vierte Auflage. Geb. in ganz Leinen 3 M.

27. Die Gesetzgebung, betr. das **Gesundheitswesen** im Deutschen Reich für **Behörden, Aerzte** 2c. Von Dr. jur. **C. Goesch** und Dr. med. **J. Karsten.** 1888. 1 M. 60 Pf.

28. **Bau-Unfallversicherungsgesetz.** Vom 30. Juni 1900 in der Fassung der Bekanntmachung vom 5. Juli 1900. Von **R. Chrzescinski,** Kaiserl. Regierungsrath a. D., ehemaligem ständigen Mitglied des Reichs-Versicherungsamts. Dritte Auflage. Geb. in ganz Leinen 2 M.

29. Reichsgesetz, betr. die **Erwerbs- und Wirthschaftsgenossenschaften.** In der vom 1. Januar 1900 ab geltenden Fassung. Von **L. Parisius** und Dr. **H. Crüger.** Achte Auflage. Geb. in ganz Leinen. 1 M. 50 Pf.

30. **Invalidenversicherungsgesetz** vom 13. Juli 1899, in der Fassung der Bekanntmachung vom 19. Juli 1899. Von Dr. **E. v. Woedtke,** Director im Reichsamt des Innern. Achte erweiterte Auflage. Geb. in ganz Leinen 2 M. 50 Pf.

31. Reichsgesetz, betr. die **Gewerbegerichte.** Von **L. Mugdan.** Vierte Auflage. Bearbeitet von **Cuno,** Stadtrath und stellvertretender Vorsitzender des Gewerbegerichts zu Königsberg i. Pr. 1 M. 80 Pf.

32. Reichsgesetz, betr. die **Gesellschaften mit beschränkter Haftung.** In der vom 1. Januar 1900 ab geltenden Fassung. Von **L. Parisius** und Dr. **H. Crüger.** Vierte vermehrte und verbesserte Auflage. 1 M.

33. Das **Vereins- und Versammlungsrecht** in Deutschland. Von Dr. **F. Ball,** Rechtsanwalt. 2 M. 25 Pf.

34. Reichsgesetz, betreffend die **Abzahlungsgeschäfte.** Vom 16. Mai 1894. Von **J. Hoffmann,** Geheimer Regierungsrath. 95 Pf.

35. **Die Reichs-Eisenbahngesetzgebung.** Von **W. Coermann,** Kaiserl. Amtsrichter. 1895. 2 M. 25 Pf.

36. Gesetze, betr. die **privatrechtlichen Verhältnisse der Binnenschiffahrt und der Flößerei.** Nach den Materialien erläutert von **H. Makower.** Unter Berücksichtigung der am 1. Januar 1900 in Kraft tretenden Reichsgesetze bearbeitet von **E. Löwe,** Landgerichtsrath. Zweite veränderte Auflage. 2 M.

37. Gesetz zur **Bekämpfung des unlauteren Wettbewerbes.** Vom 27. Mai 1896. Von Dr. **R. Stephan,** Regierungsrath. Zweite Auflage. 80 Pf.

38/39. **Bürgerliches Gesetzbuch nebst Einführungsgesetz.** In Verbindung mit Professor Dr. **André,** Geh. Justizrath **Greiff,** Amtsrichter **Ritgen,** I. Staatsanwalt Dr. **Unzner,** s. Z. Schriftführer bei der Kommission für die zweite Lesung des Entwurfs eines Bürgerlichen Gesetzbuchs, herausgegeben von Reichsgerichtsrath Dr. **A. Achilles,** s. Z. Kommissar des Reichs-Justizamts bei derselben Kommission. Dritte vermehrte und verbesserte Auflage. 8°. Geb. in ganz Leinen 6 M.

Dieser Band ist in größerem Format erschienen!

40. Gesetz, betr. die **Pflichten der Kaufleute bei Aufbewahrung fremder Werthpapiere (Depotgesetz).**

Vom 5. Juli 1896. Mit Erläuterungen, Einleitung und Sachregister. Von **F. Lusensky**, Geh. Regierungsrath. 90 Pf.

41. **Börsengesetz.** Vom 22. Juni 1896. Nebst den dazu erlassenen Ausführungsbestimmungen. Unter Mitwirkung des Geh. Ober-Regierungsrathes **A. Wermuth** bearbeitet von **H. Brendel,** Gerichts-Assessor, Hülfsarbeiter im Reichsamt des Innern. 1 M. 50 Pf.

42. **Grundbuchordnung** für das Deutsche Reich nebst den preußischen Ausführungsbestimmungen. Mit Einleitung von Professor Dr. **O. Fischer.** Zweite Auflage. Geb. in ganz Leinen 1 M. 80 Pf.

43. Die Gesetzgebung, betr. die **Zwangsvollstreckung in das unbewegliche Vermögen** im Reiche und in Preußen. Text-Ausgabe mit Einleitung, Anmerkungen, Kosten- und Gebührentabellen und Sachregister. Von Dr. **J. Krech,** Kaiserl. Geh. Regierungsrath und Professor Dr. **O. Fischer.** Dritte Auflage. Geb. in ganz Leinen 2 M.

44. Das Reichsgesetz über das **Auswanderungswesen** vom 9. Juni 1897 nebst Ausführungsverordnungen und Anlagen. Nach den Materialien und unter Benutzung amtlicher Quellen erläutert von Professor Dr. **Felix Stoerk.** 2 M. 25 Pf.

45. **Das Entmündigungsrecht** unter Berücksichtigung der für Preußen geltenden Vorschriften nebst der preußischen Justiz-Ministerial-Verfügung vom 28. November 1899. Text der civil- und prozeßrechtlichen Bestimmungen mit Erläuterungen von Landgerichtsrath Dr. **P. Koll** in Cöln. Geb. in ganz Leinen 1 M. 50 Pf.

46. Die Gesetze des Reiches und Preußens über die **freiwillige Gerichtsbarkeit.** Mit Einleitung von **Herm. Jastrow,** Amtsgerichtsrath. Zweite, erweiterte Auflage. Geb. in ganz Leinen 2 M. 80 Pf.

47. Das **deutsche Vormundschaftsrecht** und das preuß. Gesetz über die Fürsorgeerziehung Minderjähriger vom 2. Juli 1900 nebst den dazu gehörigen preußischen Nebengesetzen und allgemeinen Verfügungen. Mit Einleitung und Erläuterungen von **Max Schultzenstein,** Oberverwaltungsgerichtsrath und Amtsgerichtsrath Dr. **Paul Köhne.** Zweite Auflage. Geb. in ganz Leinen. Im Druck.

48. Gesetze und Verordnungen, betreffend den **Drogen-, Gift- und Farbenhandel** außerhalb der Apotheken, unter besonderer Berücksichtigung des Königreichs Preußen. Von Dr. **Broh,** Rechtsanwalt. 1 M. 25 Pf.

49. Die **Kolonialgesetzgebung.** Von Prof. Dr. **Philipp Zorn.** Geb. in ganz Leinen ca. 6 M.

50. Der **Viehkauf** (Viehgewährschaft) nach dem Bürgerlichen Gesetzbuche. Mit Erläuterungen und Sachregister von Dr. **Hans Stölzle**, Rechtsanwalt in Kempten. Nebst einem Anhang: Verordnung, betreffend die Hauptmängel und Gewährsfristen beim Viehhandel. Vom 27. März 1899. Erläutert von **Heinrich Weiskopf**, Königl. Kreisthierarzt in Augsburg. Zweite Auflage. Geb. in ganz Leinen 2 M.

51. **Hypothekenbankgesetz** vom 13. Juli 1899. Von Dr. **H. Göppert**, Gerichts-Assessor. Geb. in ganz Leinen 1 M. 80 Pf.

52. Gesetz, betreffend die gemeinsamen **Rechte der Besitzer von Schuldverschreibungen**. Vom 4. Dezember 1899. Von Dr. **Heinrich Göppert**, Gerichts-Assessor. Geb. in ganz Leinen 2 M.

53. **Reichspreßgesetz** vom 7. Mai 1874 nebst den einschlägigen Bestimmungen des Strafgesetzbuchs, der Gewerbeordnung &c. Kommentar von **A. Born**, Polizeiassessor. Geb. in ganz Leinen 1 M. 50 Pf.

54. Die Reichsgesetzgebung über den Verkehr mit **Nahrungsmitteln, Genußmitteln** und **Gebrauchsgegenständen**. Von Dr. **Lebbin**, Nahrungsmittelchemiker. Geb. in ganz Leinen 2 M. 25 Pf.

55. Das Recht der **Beschlagnahme von Lohn- und Gehaltsforderungen**. Auf Grundlage der Reichsgesetze vom 21. Juni 1869 u. 29. März 1897 und der Civil-

prozeßordnung. Von Rechtsanwalt **Georg Meyer.** Geb. in ganz Leinen 1 M. 50 Pf.

56. Gesetz, betr. die **Bekämpfung gemeingefährlicher Krankheiten.** Vom 30. Juni 1900. Nebst Ausführungsbestimmungen. Von Geh. Regierungsrath Dr. **Burkhardt.** Geb. in ganz Leinen 1 M. 40 Pf.

57. **See-Unfallversicherungsgesetz** vom 30. Juni 1900 in der Bekanntmachung des Reichskanzlers vom 5. Juli 1900. Vom Oberlandesgerichtsrath **Dr. Mittelstein** in Hamburg. Geb. in ganz Leinen. 2 M.

58. **Das Recht der unehelichen Kinder.** Text-Ausgabe aller einschlägigen Bestimmungen des Bürgerlichen Gesetzbuches von **Hermann Jastrow,** Amtsgerichtsrath zu Berlin. Geb. in ganz Leinen 1 M. 80 Pf.

Guttentag'sche Sammlung
Preußischer Gesetze.

Text-Ausgaben mit Anmerkungen. Taschenformat.

1. Die **Verfassungs-Urkunde** für den Preußischen Staat. Mit Einleitung, vollständigem Kommentar und Anlagen von Prof. Dr. **Adolf Arndt.** Vierte, gänzlich umgearbeitete und verbesserte Auflage. Geb. in ganz Leinen 2 M. 50 Pf.

2. Preußische **Beamten-Gesetzgebung.** Enthaltend die wichtigsten Beamtengesetze in Preußen. Von **C. Pfafferoth.** Dritte Auflage. 1 M. 50 Pf.

3. Die Preuß. Gesetzgebung, betr. die **Zwangsvollstreckung in das unbewegliche Vermögen.** Von Dr. **J. Krech,** Kais. Geh. Regierungs-Rath und Prof. Dr. **O. Fischer.** Dritte Auflage. Vergriffen.
Siehe: Reichsgesetze Nr. 43.

4. **Gebührenordnung** für **Notare** vom 25. Juni 1895 in der Fassung der Bekanntmachung vom 6. Oktober 1899 nebst den einschlägigen Vorschriften des Preußischen Gerichtskostengesetzes. **Von R. Sydow,** Direktor im Reichspostamt. Zweite Auflage bearbeitet von Dr. **E. Mosler,** Gerichtsassessor. Geb. in ganz Leinen. 1 M. 50 Pf.

5. Gesetz vom **24. April 1854 (betr. die außereheliche Schwängerung)** und die daneben geltenden Bestimmungen des Allgemeinen Landrechts nebst nebst dazu ergangenen Präjudikaten. Von Dr. **Schulze.** 75 Pf. Siehe Reichsgesetze: Nr. 58.

6. Die Preußischen **Ausführungsgesetze und Verordnungen zu den Reichs-Justizgesetzen.** Von **R. Sydow.** Dritte vermehrte Auflage. 2 M. 40 Pf.

7. **Allg. Gerichtsordnung** vom 6. Juli 1793 und Preuß. **Konkursordnung** vom 8. Mai 1885. **Von F. Vierhaus,** Geh. Ober-Justizrath. **Vergriffen.**

8. **Vormundschaftsordnung** vom 5. Juli 1875, nebst allen Nebengesetzen und den dazu erlassenen Allgemeinen Verfügungen. Von Oberverwaltungsgerichtsrath **Schultzenstein.** Dritte Auflage. 1 M. 50 Pf. Siehe: Reichsgesetze Nr. 47.

9. Die Preußische **Grundbuchgesetzgebung.** Mit Einleitung, Formularen, Kosten- und Stempeltabellen. Von Prof. Dr. **Fischer.** Dritte Auflage. Vergriffen. Siehe: Reichsgesetze Nr. 42.

10. **Einkommensteuergesetz.** Vom 24. Juni 1891. Von Geheimrath **Meitzen.** Vierte vermehrte Auflage von **A. Fernow,** Ober-Regierungsrath. 1 M. 50 Pf.

11. **Gewerbesteuergesetz.** Vom 24. Juni 1891. Von **A. Fernow,** Ober-Regierungsrath. Dritte vermehrte Auflage. 1 M. 25 Pf.

12. **Allgemeines Berggesetz** für die preußischen Staaten. Vom 24. Juni 1865, und die auf dasselbe bezüglichen Gesetze und Verordnungen. Von **E. Engels,** Ober-Bergrath. Zweite Auflage. 1 M. 60 Pf.

13. **Ergänzungssteuergesetz** (Vermögenssteuergesetz). Vom 14. Juli 1893. Von **A. Fernow,** Ober-Regierungsrath. Zweite vermehrte Auflage. 1 M.

14. **Kommunalabgabengesetz.** Vom 14. Juli 1893 und Gesetz wegen Aufhebung direkter Staatssteuern. Vom 14. Juli 1893. Von **F. Adickes,** Oberbürgermeister. Zweite Auflage. 1 M. 25 Pf.

15. **Die Kreisordnungen** für den Preußischen Staat. Von **O. Kolisch,** Landgerichtsrath. 1894. 4 M.

16. Preuß. Ausführungs-Anweisung zu §§. 16 u. ff. der Reichs-Gewerbe-Ordnung, betr. **Genehmigung gewerblicher Anlagen.** Von Dr. **von Rüdiger,** Regierungs- und Gewerberath. 1895. 1 M. 50 Pf.

17. Preußisches **Gerichtskostengesetz.** Vom 25. Juni 1895. In der Fassung der Bekanntmachung vom 6. Oktober 1899. Mit Kostentabellen. Von Dr. **P. Siméon,** Landrichter. Dritte Auflage. Geb. in ganz Leinen 1 M. 80 Pf.

18. Preußisches **Stempelsteuergesetz.** Vom 31. Juli 1895. Nebst den Entscheidungen des Reichsgerichts und Erlassen der Verwaltungsbehörden und ausführlichen Tabellen. Von **B. Gaupp,** Geh. Regierungsrath und Regierungsassessor **P. Loeck.** Vierte Auflage. 3 M. 30 Pf.

19. **Das Jagdscheingesetz** vom 31. Juli 1895. Mit ausführlichen Erläuterungen nebst der Ausführungsverfügung vom 2. August 1898 und den Gesetzgebungsmaterialien. Von **F. Kunze,** Wirklichem Geh. Ober-Regierungsrath. Zweite Auflage. Geb. in ganz Leinen 2 M.

20. Gesetz, betr. die **Erbschaftssteuer.** Vom 19./24. Mai 1891 unter Berücksichtigung der Novelle vom 31. Juli 1895. Mit ausführlichen Erläuterungen von **P. Loeck,** Regierungsassessor. 1 M. 80 Pf.

21. Gesetz über die **Handelskammern.** Vom 19. August 1897. Mit Erläuterungen, geschichtlicher Einleitung sowie einer Uebersicht des Bestandes der kaufmännischen Vertretungen. Von **F. Lusensky,** Geh. Regierungsrath und vortragender Rath im Ministerium für Handel und Gewerbe 3 M.

22. Gesetz, betr. **Anstellung und Versorgung der Kommunalbeamten.** Vom 30. Juli 1899. Mit einem Anhang, enthaltend die preußische Ausführungsanweisung. Von Dr. **W. Ledermann,** Magistratsassessor zu Berlin. 1 M. 25 Pf.

23. **Ausführungsgesetz zum Bürgerlichen Gesetzbuche** vom 20. September 1899. Von Landrichter Dr. **P. Siméon.** Geb. in ganz Leinen 1 M. 60 Pf.

24. Die **Hinterlegungsordnung** vom 14. März 1879 in der Fassung des Preußischen Ausführungsgesetzes zum Bürgerlichen Gesetzbuche vom 20. September 1899 nebst Ausführungsbestimmungen. Unter Benutzung der amtlichen Erlasse und Entscheidungen des Finanzministers. Von Regierungsassessor Dr. **Georg Bartels.** Geb. in ganz Leinen 1 M. 50 Pf.

25. **Preußisches Kommunalbeamtenrecht,** enthaltend die wichtigsten Bestimmungen über die Rechtsverhältnisse der Beamten der preußischen Landgemeinden, Landbürgermeistereien, Aemter, Amtsbezirke, Städte, Kreise, Bezirksverbände, Provinzen sowie der Gemeindeforstbeamten mit Ausschluß der Kommunalbeamten der Hohenzollernschen Lande. Text-Ausgabe mit kurzen Anmerkungen, einem chronologischen Verzeichniß der abgedruckten Gesetze, Verordnungen und sonstigen Bestimmungen. Von Magistratsassessor Dr. jur. **Kremski.** Im Druck.

26. Die **Preußischen Gesetze** über das **Diensteinkommen der Lehrer und Lehrerinnen, ihren Ruhegehalt und die Fürsorge für ihre Hinterbliebenen** nebst den zugehörigen Ausführungsbestimmungen, sonstigen Ministerialerlassen und den wichtigsten einschlägigen Gesetzen sowie einer Tabelle zur Berechnung der Ruhegehalts-, Wittwen- und Waisenbezüge. Text-Ausgabe mit Einleitung, Anmerkungen und Sachregister von Dr. **Ed. Cremer,** Beigeordneter. Geb. in ganz Leinen 2 M. 40 Pf.

27. Gesetz, betreffend die **Waarenhaussteuer.** Vom 18. Juli 1900. Von Geh. Ober-Finanzrath Dr. **G. Strutz.** Geb. in ganz Leinen 1 M. 20 Pf.

28. Gesetz über die **Fürsorgeerziehung Minderjähriger.** Vom 2. Juli 1900. Nebst Ausführungsanweisung. Von Landgerichtsrath Dr. **Aschrott.** Geb. in ganz Leinen. Im Druck.

Guttentag'sche Sammlung von Text-Ausgaben mit Sachregister ohne Anmerkungen.

Handelsgesetzbuch nebst **Einführungsgesetz.** Vom 10. Mai 1897. 1 M. 80 Pf.

Gesetz, betr. die **Abänderung der Gewerbeordnung** (Neues Handwerkergesetz). Vom 26. Juli 1897. 90 Pf.

Gewerbeordnung für das Deutsche Reich. In der Fassung der Bekanntmachung vom 26. Juli 1900. (Reichs-Gesetzblatt Nr. 47, ausgegeben am 15. Oktober 1900.) Zweite Auflage. 1 M. 20 Pf.

Militärstrafgerichtsordnung für das Deutsche Reich, nebst **Einführungsgesetz** und Gesetz, betr. die Dienstvergehen der richterlichen Militärjustizbeamten und die unfreiwillige Versetzung derselben in eine andere Stelle oder in den Ruhestand. Vom 1. Dezember 1898. 1 M. 50 Pf.

Die Preußischen Ausführungsgesetze zum Bürgerlichen Gesetzbuche, zum Gesetz, betr. Aenderung der Civilprozeßordnung vom 17. Mai 1898, zum Gesetz über die Zwangsversteigerung und die Zwangsverwaltung, zur Grundbuchordnung und zum Handelsgesetzbuch. Preuß. Gesetz über die freiwillige Gerichtsbarkeit und Gesetz, enthaltend die landesgesetzlichen Vorschriften über die Gebühren der Rechtsanwälte und der Gerichtsvollzieher. Fünfte Auflage. 1 M. 80 Pf.

Reichsstempelgesetz (Börsensteuergesetz) in der Fassung der Bekanntmachung vom 14. Juni 1900. Mit Ausführungsbestimmungen, einem Anhang, enthaltend Tabellen zur Berechnung der Reichsstempelabgaben und Sachregister. 1 M. 50 Pf.

Adickes, F., Oberbürgermeister in Frankfurt a. M. Das Kommunalabgabengesetz vom 14. Juli 1893. Für den praktischen Gebrauch mit einer geschichtlichen Einleitung und Erläuterungen versehen, sowie mit einem die Ausführungsanweisung berücksichtigenden Nachtrag. 8°. Kartonnirt 6 M.

Arndt, Dr. Adolf, Oberbergrath und Prof. Verfassung des Deutschen Reichs. Mit Einleitung und Kommentar. 8°. Kartonnirt 3 M.

Friedrichs, K., Oberverwaltungsgerichtsrath. Das Gesetz betreffend die Anlegung und Veränderung von Straßen und Plätzen in Städten und ländlichen Ortschaften vom 2. Juli 1875. Nach dem Tode des Verfassers in vierter Auflage bearbeitet von Dr. jur. **Hugo v. Strauß und Torney,** Oberverwaltungsgerichtsrath. 8°. Geb. 4 M. 50 Pf.

Hauß, C., Geh. Ober-Reg.-Rath. Das Gesetz zur Bekämpfung des unlauteren Wettbewerbes. Vom 27. Mai 1896. Für die gerichtliche und gewerbliche Praxis erläutert. 8°. Geb. in Leinen 3 M.

Holtgreven, Dr. A., Geh. Ober-Justizrath und vortragender Rath im Justizministerium. Das Wildschadengesetz vom 11. Juli 1891. Kommentar. Dritte Auflage. 8°. Kartonnirt 3 M.

Jerusalem, Herm., Landgerichtsrath, Mitglied des Hauses der Abgeordneten. Das Gesetz über Kleinbahnen und Privatanschlußbahnen vom 28. Juli 1892 nebst der Ausführungsanweisung zu diesem Gesetze vom 22. August 1892. gr. 8°. 2 M.

Kamptz, B. v., Verwaltungsgerichtsdirektor. Das Gesetz, betreffend die Vertheilung der öffentlichen Lasten bei Grundstückstheilungen und die Gründung neuer Ansiedelungen in den Provinzen Preußen, Brandenburg, Pommern, Posen, Schlesien, Sachsen und Westfalen vom 25. August 1876. 8°. Kartonnirt 2 M. 50 Pf.

Koch, Georg, Hauptmann a. D. Gesetz, betreffend die Prüfung der Läufe und Verschlüsse der Handfeuerwaffen vom 19. Mai 1891 nebst den Ausführungsbestimmungen des Bundesrathes vom 22. Juni 1892. 8°. Kartonnirt 1 M. 50 Pf.

Könige, H., Landgerichtsrath, Vorsitzender der Kammer I für Handelssachen am Landgericht Mannheim. Handelsgesetzbuch vom 10. Mai 1897 nebst Abdruck des Gesetzes über die Angelegenheiten der freiwilligen Gerichtsbarkeit und Gerichtsverfassungsgesetz (Titel 7, Kammern für Handelssachen). Verglichen mit dem Allgemeinen Deutschen Handelsgesetzbuch, dem Bürgerlichen Gesetzbuch und der Rechtsprechung des Reichsgerichts und Reichs-Oberhandelsgerichts. Zu praktischem Gebrauch dargestellt. 8°. Geb. in ganz Leinen 4 M. 50 Pf.

Laß, Dr. L., Kaiserl. Regierungsrath, Strafrecht der Berufsgenossenschaften nach den Unfallversicherungsgesetzen vom 30. Juni 1900. Unter Benutzung amtlichen Materials zum praktischen Gebrauche dargestellt. Geb. in Leinen 3 M.

Laurisch, G., Königl. Gewerbeinspektor, Gewerberecht und Arbeiterschutz. Führer für Arbeitgeber und Arbeiter durch die Gewerbe- und Arbeiterschutz-Gesetze. Kartonnirt ca. 2 M.

Nußbaum, Dr. A., Die freiwillige Gerichtsbarkeit im Reiche und in Preußen. Ein Leitfaden. 8°. Geb. in ganz Leinen 4 M.

Dieses Buch enthält eine gedrängte systematische Darstellung der freiwilligen Gerichtsbarkeit einschließlich des Notariats nebst einer Zahl erläuternder Formulare für öffentliche Register, Protokolle u. dergl. Reichsrecht und Landesrecht, von letzterem vorzugsweise das preußische, sind gleichmäßig berücksichtigt worden. Eine solche systematische Darstellung fehlte bisher, ist aber bei der hier besonders weit gehenden Zersplitterung des Rechtsstoffes eine Notwendigkeit sowohl für den Lernenden, für dessen Bedürfnisse auch durch Darlegung der allgemeinen Gesichtspunkte und der historischen Entwickelung Sorge getragen ist, als auch für den Praktiker, namentlich den angehenden, da dieser in der ersten Beschäftigungszeit vorwiegend mit Angelegenheiten der freiwilligen Gerichtsbarkeit befaßt ist.

Ottermann, Carl, Stadtrath in Dortmund. Das Fluchtliniengesetz vom 2. Juli 1875. Erläuternde Abhandlung. 8°. 1 M. 25 Pf.

Stephan, Dr. R., Geh. Regierungsrath u. Mitglied des Kais. Patentamts. Gesetz, betreffend die Patentanwälte. Vom 21. Mai 1900. Nebst Ausführungsverordnungen. 8°. Geb. in ganz Leinen 1 M. 50 Pf.

Telegraphenwege-Gesetz vom 18. Dezember 1899 nebst den vom Reichskanzler erlassenen Ausführungsbestimmungen vom 26. Januar 1900 und den Erläuterungen und Ausführungsanweisungen des Reichs-Postamts. Amtliche Ausgabe. 8°. Geb. in ganz Leinen 1 M.

Wittenberg, Dr. M., Dozent an der Humboldt-Akademie. Wegweiser durch das Aktienrecht, nach dem Wortlaut der seit dem 1. Januar 1900 gültigen Reichsgesetze. Taschenformat. Geb. in ganz Leinen 1 M.

Schlagwort-Register.

R. = Nummer der Sammlung Deutscher **Reichs**gesetze.
P. = Nummer der Sammlung **Preußischer** Gesetze.
S. = Seite.

Die

Guttentag'sche Sammlung

Deutscher Reichs- und Preußischer Gesetze,

Text-Ausgaben mit Anmerkungen, Taschenformat,

enthält alle wichtigeren Gesetze in absolut zuverlässigen Gesetzestexten und in mustergiltiger, gemeinverständlicher Weise erläutert.

Das vorstehende Schlagwort-Register wird geneigter Beachtung empfohlen.

8. 26 500. I. 01.

FSC
www.fsc.org
MIX
Papier | Fördert
gute Waldnutzung
FSC® C083411

Kolibri 360 GmbH
Ferdinand-Jühlke-Straße 7
99095 Erfurt, Deutschland
produktsicherheit@kolibri360.de